KNOBLAUCH

KÜCHE

KNOBLAUCH
KÜCHE

SOPHIE HALE

Könemann

Für Rosalind

This book was designed and produced by
Quintet Publishing Limited
6 Blundell Street, London N7 9BH

Art Director: Peter Bridgewater
Editor: Polly Powell
Photographers: Trevor Wood and Michael Bull
Illustrator: Lorraine Harrison
Home economists: Felicity Jelliff, Veronica Bull

© 1995 für die deutsche Ausgabe
Könemann Verlagsgesellschaft mbH
Bonner Str. 126, D - 50968 Köln

Redaktion der deutschen Ausgabe: Daniela Kumor, Köln
Satz der deutschen Ausgabe: Birgit Beyer, Köln
Übersetzung aus dem Englischen: Jutta Hein, Hamburg
Druck und Bindung: Star Standard Industries Pte.Ltd.
Printed in Singapore
ISBN 3-8290-3063-0
10 9 8 7 6 5 4 3 2 1

Dank geht an: Matthew Hale für
brüderliche Unterstützung; Marsha R. Levine; Gail Harvey
für Unterstützung bei den Garnelen; Tim Sisley für die arkadische
Inspiration; Josephine Cruickshank; Nick und
Suzanne; und Beans fürs Da-Sein.

Autorin und Verlag danken für die Erlaubnis,
Illustrationen zu übernehmen:
S. 6 Royal Horticultural Society; S. 7 ET Archive Ltd;
S. 8-10 Casecross Ltd.

INHALT

EINLEITUNG

Knoblauch ist immer mehr gewesen als nur ein Gewürz. Er hat eine lange Geschichte: Die alten Griechen und Ägypter verehrten ihn sehr, er löste den ersten bekannten Arbeitsstreik aus, auf ihn wurden heilige Eide geschworen, man benutzte Knoblauch als harte Währung, als Abwehr gegen die Pest und den bösen Blick, zur Feststellung von Schwangerschaft, und man sagte ihm nach, alles heilen zu können, von Krebs bis zu Haarausfall. Mit Knoblauch wurden auch Fleisch und Leichen konserviert, man härtete Stahl damit, er galt als Stärkungsmittel im Bett und auf dem Schlachtfeld, mit ihm hielt man Schädlinge von der Ernte und Vampire von Jungfrauen fern, und er war ein Symbol für die Einheit des Menschen mit dem Kosmos; schließlich trennte der Knoblauch im größten Teil der zivilisierten Welt die kleine, feine Oberschicht von der stark »duftenden« Masse.

KNOBLAUCH IN DER KÜCHE

Knoblauch – *Allium sativum* – ist zweifellos das vielseitigste Kraut/Gewürz/Gemüse. Würde man ihn mit irgendeiner anderen Pflanze vergleichen, wäre es so, als suche man Parallelen zwischen einem Symphonieorchester und einer billigen Trillerpfeife.

Knoblauch wird manchmal als stinkende Rose bezeichnet, ist aber Mitglied der Familie der Liliengewächse und eine von mehr als dreihundert Laucharten, zu denen auch

Zwiebeln, Lauch, Schalotten, Frühlingszwiebeln und Schnittlauch gehören.

Von all diesen hat Knoblauch den stärksten und kräftigsten Duft und Geschmack – das lateinische »allium« heißt »einen Geruch ausströmend«, und das keltische »al« bedeutet »brennend«. Aber er muß weder das eine noch das andere sein. Das Knoblaucharoma hängt letztlich davon ab, wie der Schwefelanteil – die Ursache der Schärfe – freigesetzt wird. Die Wirkung kann so kräftig oder so fein sein, wie Sie es wollen. Die in den Rezepten empfohlenen Mengen sagen daher nicht unbedingt etwas über die Schärfe des fertigen Produkts aus: Ein Hähnchen, das mit 40 blanchierten Zehen ausgestopft und im Ofen gegart wird, schmeckt längst nicht so kräftig nach Knoblauch wie ein Hähnchen, zu dem man Aïoli serviert, eine Soße, für die nur fünf rohe Knoblauchzehen verwendet werden.

Man kann eine Salatschüssel oder einen Fonduetopf mit Knoblauch einreiben; oder er wird zerdrückt oder fein gehackt und stark erhitzt, damit bekommt die Soße zu einem Nudelgericht einen kräftigen Geschmack. In Butter gedünstet, ist Knoblauch ein wohlschmeckendes, ungewöhnliches Gemüse; man kann ihn mit anderen Kräutern und Gewürzen mischen und so ein indisches, mexikanisches, mediterranes oder orientalisches Aroma erzielen; und in Soßen oder Marinaden verwendet, macht Knoblauch fades Fleisch oder langweiligen Fisch interessanter. Auf wunderbare Weise verfeinert Knoblauch den Geschmack von Dosensuppen, Eintöpfen, Aufgewärmtem und Aufschnitt und verleiht der *haute cuisine* la plus haute ein gewisses *je ne sais quoi*. Die einzige Grenze für die Verwendungsmöglichkeiten von Knoblauch liegt in Ihrer eigenen Phantasie.

Da Knoblauch sehr leicht dominiert, ist es nicht ratsam, mehr als einen Gang pro Mahlzeit kräftig damit zu würzen. (Begeisterten Anhängern ist natürlich alles erlaubt.) Ebenso sollten Sie keinen edlen Wein zu Knoblauchgerichten reichen, sein feiner Geschmack ginge verloren. Dagegen werden sich kräftige Rotweine wie Rioja oder Chianti oder trockene Weißweine wie Frascati oder Vinho Verde behaupten. Besonders gut schmeckt ein kühles Bier zu stark gewürzten und scharfen Gerichten; auch Sangria oder eine prickelnde Weißweinschorle – vielleicht mit einem Minzezweig – sind erfrischend. Es gibt Leute, denen ein kräftiger, süßer Dessertwein wie beispielsweise Sauternes

Links: Ein botanischer Druck von *Allium sativum* aus *Medicinal Plants* von Robert Bentley und Henry Trimen, Band IV, 1880, gezeichnet nach einem Exemplar aus Kew Gardens. 1 Eine ganze Pflanze; 2 Senkrechter Schnitt von Stammbasis und Knolle; 3 Senkrechter Schnitt einer Einzelknolle; 4 Eine Blüte; 5 Eine Blüte, bei der die Blütenhülle entfernt ist; 6 Ein inneres Staubgefäß; 7 Blatt und Teil der Blatthülle

Rechte Seite: Die Knoblauchmenge auf dieser Illustration aus dem 14. Jahrhundert weist darauf hin, wie weitverbreitet sein Einsatz auch in der Medizin zu der Zeit war.

Alsa

EINLEITUNG

Oben links: Blühende Knoblauchpflanzen
Oben: In China werden die Knoblauchsprossen genauso häufig gegessen wie die Knolle selbst.

besonders gut zu pikanten Gerichten schmeckt. Knoblauch-Fans, die selbst Wein anbauen oder Bier brauen, sollten beim Abfüllen eine oder zwei geschälte Zehen mit in die Flasche geben.

Beim Kauf von Knoblauch achten Sie darauf, daß die Knollen fest sind und die dünne Außenhaut keine Risse zeigt. Diese Haut kann weiß, rosa oder rötlich-lila sein. Das hängt von der Herkunft und von der Jahreszeit ab. Im Geschmack gibt es jedoch kaum Unterschiede. Frischer Knoblauch muß kühl und trocken gelagert werden.

Wenn Sie häufig Knoblauch verwenden, ist eine Presse sehr praktisch, am besten eine aus Plastik. Lösen Sie die Haut mit leichtem Druck, dann pressen Sie die Zehe unge-schält und sammeln Saft und Masse, die aus den Löchern austreten. Dadurch wird das Reinigen der Presse einfacher, Sie brauchen sie nur unter heißem Wasser abzuspülen, nachdem Sie die Haut herausgenommen haben.

Weil der Geruch sich leicht festsetzt, sollten Sie ein gesondertes Hackbrett nur für Knoblauch und Zwiebeln verwenden. Mit Knoblauch gewürzte Speisen, die Sie im Kühlschrank lagern oder einfrieren wollen, wickeln Sie am besten in Wachspapier und legen sie in einen luftdichten Beutel. Für alle, die Angst haben, nach Knoblauch zu rie-chen: Petersilie, Chlorophyllpräparate, absorbierende Hülsenfrüchte wie Erbsen und Bohnen und andere Mittel für frischen Atem schaffen Abhilfe. Aber warum sich darum Gedanken machen? Knoblauch riecht nach lecke-rem Essen, während schlechter Atem einfach schlechter Atem bleibt.

KNOBLAUCH IM GARTEN

Zwar kann man Knoblauch das ganze Jahr über kaufen, aber er ist auch leicht selbst zu ziehen. Er ist winterfest, braucht aber während des Heranwachsens eine Zeitlang Hitze und Sonne. Zum Auspflanzen zerlegen Sie die Zwiebel vorsichtig in Zehen und stecken alle, bis auf die mittleren zwei oder drei, 3,5–5 cm tief im Abstand von 15 cm mit der Spitze nach oben in die Erde. Wenn Sie viel pflanzen, lassen Sie 30 cm Abstand zwischen den Reihen. Der Boden sollte fett, aber fein und gut dräniert sein. Bei Pflanzung im frühen Frühling kann im Herbst geerntet werden, wenn die Blätter braun werden und zu schrumpeln beginnen. Wenn Sie zur Herbst-Mitte pflanzen, können Sie im folgenden Sommer ernten. Lockern Sie die Erde um die einzelnen Zwiebeln mit einer Gabel, und achten Sie darauf, daß Sie die Häute beim Herausnehmen nicht einreißen. Lassen Sie die Zwiebeln in der Sonne oder an der Luft trocknen, und entfernen Sie alle losen Erdreste. Danach können Sie die Zwiebeln zusammen-binden und bis zum Verbrauch kühl und trocken lagern.

Rocambole, auch als Perlzwiebel oder Schlangenknob-lauch bekannt, wird im Frühling – in sehr milden Regionen auch im Herbst – in 3–5 cm Tiefe gepflanzt, während Riesenknoblauch, größer und feiner im Geschmack als der herkömmliche, auch Feuchtigkeit verträgt und sehr wenig

EINLEITUNG

Oben: Eine Inderin trennt Knoblauchknollen. Mit einem großen Sieb entfernt sie die äußeren Häute.
Oben rechts: Dieser Koch flambiert beim Gilroy Garlic Festival, das jedes Jahr im kalifornischen Gilroy stattfindet.

Sonne braucht. Er kann bis in die späten Frühling gepflanzt werden, im Abstand von 25–30 cm, damit die reifen Zwiebeln genügend Platz haben.

Sie können Knoblauch auch etwa 2,5 cm tief in fettem Boden in einem Topf auf einer sonnigen Fensterbank ziehen; wenn die Töpfe in der Nähe einer Heizung stehen, müssen sie gut von unten gegossen werden. (Dadurch steigt auch die Luftfeuchtigkeit im Raum.)

Sie können verschiedene Knoblauchsorten auch in Samenhandlungen bekommen. Dort wird man Sie beraten, welche Sorte Sie nehmen und wie Sie sie entsprechend Klima und Boden am besten ziehen.

KNOBLAUCH IN MYTHOS UND SAGE

Außerhalb der Küche ist der Knoblauch vermutlich als Abwehr gegen Vampire am bekanntesten. In Bram Stokers *Dracula* sorgt der Vampir-Experte Van Helsing dafür, daß Lucy, das auserwählte Opfer des Grafen, einen Kranz aus Knoblauchblüten trägt, gleichzeitig schafft er eine erste Verteidigungslinie, indem er Fenster, Tür und Kamin rundherum mit Knoblauch einreibt.

Die Bewohner Transsilvaniens – Herzstück des Vampir-Landes – stopften verdächtigen Leichen vor der Beerdigung Knoblauch in den Mund. Ein paar Zehen in der Geldbörse, so glaubte man, hielten die Hexen vom Gold fern, und in der Molkerei aufgehängt, verhinderte Knoblauch Störungen der Milchproduktion durch übernatürliche Kräfte. Wer jedoch Knoblauch verschenkte, der wurde auch vom Glück verlassen.

In der Antike war Knoblauch Schutz für jene, die durch den bösen Blick am meisten verwundbar waren: Jungfrauen, Neugeborene (keine griechische Hebamme hätte ohne ordentlichen Knoblauchvorrat auch nur den Versuch einer Entbindung gemacht), Verlobte und Frischverheiratete. Tatsächlich konnte ja jeder Mensch irgendwann bösartigen Einflüssen ausgesetzt sein; und wenn das Schlimmste eintrat und in einem kritischen Augenblick kein Knoblauch zur Hand war, dann half, so glaubte man, auch der laute Ruf: »Da! Knoblauch in deine Augen!«

Die Griechen wehrten mit Knoblauch die Nereiden ab, eifersüchtige Meerjungfrauen, die zukünftige Ehefrauen und Schwangere verängstigten und bedrohten. Man hielt es auch für klug, an Wegkreuzungen Knoblauchhäufchen zu hinterlassen, um die Schicksalsgöttin Hekate zu besänftigen.

Bei Homer war es eine wilde Knoblauchart – Moly – , die verhinderte, daß Odysseus von der Zauberin Circe in ein Schwein verwandelt wurde. Das Wundermittel erwies sich als so wirksam, daß sie sich, statt ihn zu verzaubern, in ihn verliebte – ein weiterer Beweis, daß Knoblauch ein Aphrodisiakum ist.

Plinius der Ältere, der große römische Schriftsteller und Naturkundler, behauptete, daß Knoblauchsaft einem Magnet seine Kraft nimmt; in jüngerer Zeit gab es in Nordamerika merkwürdige Gerüchte über einen mexikani-

EINLEITUNG

schen Stamm mit Knoblauchköpfen; und der Riesenknoblauch des Südwestens wurde für mehr als nur ein Zug-
unglück verantwortlich gemacht.

KNOBLAUCH IN DER MEDIZIN

Akne, Alopezie (krankhafter Haarausfall), Arteriosklerose,
Asthma, Bienenstiche, Blähungen, Bluthochdruck, Blut-
unterzuckerung, Bronchitis, Ekzeme, Epilepsie, Erkältung,
Erschöpfung, Fettleibigkeit, Fußpilz, Geisteskrankheit,
Gelbsucht, graues Haar, Hämorrhoiden, Höhenkrankheit,
Ischias, Katarrh, Keuchhusten, Kopfschmerzen, Krätze,
Krebs, Lepra, Magenbeschwerden, offene Wunden, Prel-
lungen, Schlangenbisse, Senilität, Skorbut, Tierbisse,
Tollwut, Tuberkulose, Vergiftungen, Verstopfung, Wund-
brand, Würmer, Zahnschmerzen – das sind nur einige der
Beschwerden und Krankheiten, bei denen Knoblauch im
Verlauf seiner langen Geschichte irgendwann einmal zur
Behandlung eingesetzt wurde.

Die Ägypter, die als erste die Form der Medizin prakti-
zierten, wie wir sie heute kennen, hatten viele Heilmittel
auf Knoblauchbasis in ihrer Arzneimittelliste. Hippokrates,
der »Vater der Medizin«, übernahm sie, denn er erkannte die
harntreibende und abführende Wirkung; auch bei
Dioskurides Pedanius, dessen medizinische Texte bis ins
späte Mittelalter hinein als Standardwerke galten, finden
sie sich wieder. (Eine seiner angenehmeren Rezepturen war
eine Mischung aus Knoblauch, Feigenblättern und Kreuzkümmel als Pflaster bei Mäusebissen.) Plinius der Ältere
nennt nicht weniger als 61 Knoblauchmittel in seiner
Naturalis historia. Der Talmud empfiehlt die Anwendung
bei Zahn- und Ohrenschmerzen; die Chinesen sollen
Knoblauch schon 2000 v. Chr. medizinisch eingesetzt haben;
in Indien genießt die 5000 Jahre alte Ayurveda-Heilkunst,
die Mittel auf Knoblauchbasis bei Sodbrennen, Heiserkeit
und Typhus empfiehlt, immer noch höchstes Ansehen.

Im Mittelalter waren Kräuterbücher sehr beliebt und auch
für viele Menschen verfügbar, vor allem nach Erfindung der
Buchdruckerkunst. In diesen Büchern fanden sich zahlreiche
Heilmittel auf Pflanzenbasis – in vielen war Knoblauch enthalten – , und sie verbanden die Volksmedizin der Zeit (beispielsweise bei Husten kleingeschnittene Knoblauchzehen auf
die Fußsohlen streichen) und das wachsende Wissen über
Botanik und Naturwissenschaft mit den grundlegenden
Prinzipien dessen, was wir heute als Homöopathie, Natur-
heilkunde und Kräuterheilkunde kennen. Diese Bücher blie-
ben bis zum Ende des 19. Jahrhunderts populär, bis die
Medizin sich in der gerade entstehenden Industriegesellschaft
verstärkt den »wissenschaftlichen« Methoden zuwandte.

Knoblauch wurde in den Schützengräben des Ersten
Weltkriegs als Antiseptikum und Antibiotikum verwendet,
russische Fachleute machten sich stark für ihn, und bei ihren

Oben: Die beiden Chinesen treiben ihre Morgengymnastik, bevor sie das Restaurant
Tong Reng Tan besuchen. Dort werden die Speisen nicht nach der Karte bestellt,
sondern entsprechend dem körperlichen Zustand. Alle Gerichte enthalten Kräuter
und viele auch Knoblauch.

Patienten war er ein so beliebtes, akzeptiertes Heilmittel, daß
man manchmal von »russischem Penicillin« sprach; dennoch
fand die medizinische Anwendung erst in den letzten dreißig
Jahren Anerkennung oder besser: wieder Anerkennung.

Ob Knoblauch wirklich das beinahe universelle Allheil-
mittel ist, für das die Alten ihn hielten, läßt sich nicht ohne
weiteres beurteilen, aber es gibt heute deutliche Hinweise,
daß er den Cholesterinspiegel günstig beeinflussen, zahlreiche schädliche Bakterien zerstören, der Verdauung, dem
Kreislauf und der Atmung helfen kann, und daß er mögli-
cherweise ein Antikrebsmittel ist.

Es ist eine erfreuliche Ironie, daß ein technologisch so
fortgeschrittenes Land wie Japan gegenwärtig führend in
der Knoblauch-Forschung ist und sich damit auf ein Terrain
begibt, das schon vor 5000 Jahren bekannt war.

KNOBLAUCH IN DER GESCHICHTE

Der Duft von Knoblauch durchweht die Geschichte seit gut
6000 Jahren – sogar noch länger, wenn man der mohamme-
danischen Sicht folgt: Als der triumphierende Satan den
Garten Eden verließ, wuchsen aus seinem rechten Fuß-
abdruck Zwiebeln und dem linken Knoblauch. (Überzeugte
Knoblauchfans behaupten jedoch, daß Knoblauch die verbo-
tene Frucht war, die das ganze Elend überhaupt auslöste.)
Es mag noch einige unaufgeklärte Menschen geben, die darauf beharren, daß der Geruch von Knoblauch in die Pariser
Metro oder die Schnellimbißbuden der Mafia verbannt werden sollte, aber welches andere »Aroma« hat so lange so vielen Menschen so viel bedeutet?

EINLEITUNG

Man nimmt an, daß Knoblauch aus den Wüsten Sibiriens kommt, von Nomadenstämmen via Kleinasien nach Ägypten gebracht wurde, von dort über Handelsrouten durch Indien zurück nach Ostasien und dann nach Europa gelangte. Phönizische Händler und wikingische Seeleute führten ihn auf ihren Reisen zur Stärkung und zur Behandlung von Krankheiten mit sich.

Für all diese Kulturen, ob indisch, ägyptisch, babylonisch, griechisch, russisch, hebräisch oder chinesisch, war Knoblauch im täglichen Leben fast so wichtig wie Salz. Hätten die Herrschenden in Rom nicht so überheblich auf die scharfe Zwiebel, die das gemeine Volk so liebte, herabgeschaut, spräche man vielleicht heute noch von einem »Alliär« (abgeleitet von *allium* = Knoblauch) und nicht von einem »Salär« (abgeleitet von *sal* = Salz). Im alten Ägypten bekam man für rund 15 Pfund Knoblauch einen Sklaven; und bis in die Mitte des 18. Jahrhunderts bezahlten die Sibirier ihre Steuern mit Knoblauch: fünfzehn Knollen für den Mann, zehn für die Frau und fünf für jedes Kind.

Für die Ägypter repräsentierte die Knoblauchknolle den Kosmos; die Außenhäute standen für die verschiedenen Stadien von Himmel und Hölle, die Anordnung der Zehen stellte das Sonnensystem dar. Der Verzehr symbolisierte daher die Einheit von Mensch und Universum, und nicht nur der Körper, auch die Seele bekam Nahrung. Kein Wunder, daß die Pyramidenbauer in den Streik traten, als ihnen ihre Knoblauchration vorenthalten wurde.

Zu Zeiten Horaz' blickten die feinen römischen Familien verächtlich auf Knoblauch herab, während das niedere Volk ihn in großen Mengen verzehrte. Besonders beliebt war der Knoblauch bei den Soldaten, die ihn überall anpflanzten, daher wurde er bald ein Symbol für das Militär; jeder junge Mann aus guter Familie, der zu den Streitkräften wollte, bekam mit auf den Weg: *»Allia ne comedas«* – iß ja keinen Knoblauch.

Ein beliebtes Gericht jener Zeit war *moretum,* eine Mischung aus zerdrücktem Knoblauch, Kräutern und Käserinde. Dieser nahrhafte und zweifellos stark riechende Vorgänger von Aïoli wurde durch Vergils gleichnamiges Gedicht unsterblich.

Marco Polo berichtete, daß die Chinesen Knoblauch benutzten, um rohes Fleisch zu konservieren sowie verdorbenes zu entgiften und seinen schlechten Geschmack zu überdecken. Die Ägypter verwendeten Knoblauch für die Mumifizierung und begruben ihn mit den Toten. Im Grabmahl Tutenchamuns fand man sechs Knoblauchzehen. Dagegen entdeckte man in präpharaonischen Grabstätten Knollen aus bemaltem Ton; sie sollten böse Geister abhalten, die, die Seele auf ihrer Reise in das nächste Leben behindern könnten.

Die schützenden Kräfte des Knoblauchs gegen böse Geister, besonders den bösen Blick, dienten auch den Leben-

---

KNOBLAUCH DER VIER DIEBE

Man erzählt, daß während der Pest in Marseille 1721 eine mutige Diebesbande reich wurde, indem sie die toten Opfer ausraubte. Die Männer tranken Wein, in dem zerstoßener Knoblauch eingeweicht war, und schützten sich so vor Ansteckung. Die Mischung wurde als *Vinaigre des Quatres Voleurs* bekannt und ein beliebtes Heilmittel bei Erkrankungen der Atemwege und des Darms.

---

den. Im modernen Ägypten feiert man immer noch ein Fest, bei dem Knoblauch gegessen und getragen wird; außerdem zerdrückt man ihn an Türrahmen und auf Fensterbänken, um feindselige Kräfte in Schach zu halten.

Diese Wirkung bewiesen die alten Juden zu ihrer eigenen Zufriedenheit. Ließ man eine geschälte oder zerschnittene Zehe über Nacht liegen, wurde sie schwarz, ein sicheres Zeichen dafür, daß sie alle »Dämonen« aus der umgebenden Luft absorbiert hatte, und nicht nur mystische »Dämonen«: Die Juden des Mittelalters trugen in Zeiten der Pest Knoblauch in der Tasche und warfen den »infizierten« Talisman dann fort. Sie hatten während ihres Aufenthalts in Ägypten Geschmack an der würzigen Knolle und den mit ihr verbundenen Geschichten gefunden, und die Bibel erzählt uns, wie sehr das Volk nach dem Auszug aus Ägypten den Mangel an Knoblauch beklagte (4. Buch Mose, Kap. 11). Der Talmud stellt enthusiastisch fest, daß er sättigt, den Körper wärmt, das Gesicht strahlen läßt, den Samenfluß steigert und Bandwürmer tötet. Manche Menschen behaupten auch, daß er durch das Gefühl des Wohlbehagens, das er auslöst, die Liebe fördert und Feindschaft vertreibt, so der Talmud. Diese Leidenschaft für den Knoblauch trug ihnen bei den Römern den Spitznamen »die Stinker« ein.

Wo immer Knoblauch Popularität genoß, war er ein Hinweis auf die Klassenunterschiede, verachtet von der feinen Gesellschaft – dem Adel und manchmal auch dem Klerus –, von den Massen dagegen als Nahrungsmittel und Medizin begrüßt. Das brachte den französischen Chemiker und Politiker Raspail dazu, ihn als »Kampfer für die Armen« abzutun. Derartige Überheblichkeit konnte sich als tödlich erweisen: Während einer Seuche 1608 in London pflegten zur Hilfe geeilte französische Priester die Kranken, ohne sich anzustecken, weil sie Knoblauch aßen; viele ihrer englischen Brüder dagegen starben.

Heutzutage gibt es den Knoblauch überall in Küchen, Gärten und Medizinschränken. Er entzweit nicht mehr, sondern ist ein großartiger Katalysator, der kreative Funke, der Liebhaber guten Essens in aller Welt vereint.

SUPPEN & APPETITHAPPEN

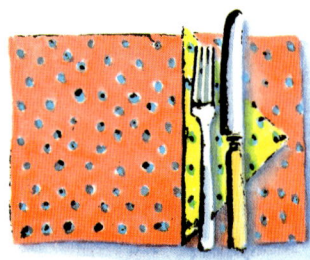

Rechte Seite: Knoblauchstäbchen (s. S. 14)

KNOBLAUCHSTÄBCHEN

ZUTATEN
ERGIBT 20 STÜCK
250 g Blätterteig
Saft von 2–3 Knoblauchzehen
50 ml Milch
1 TL Paprikapulver
1 EL Parmesankäse
Salz und Cayennepfeffer
Temperatur 220 °C

ZUBEREITUNG

♦ Den Teig auf einer mit Mehl bestäubten Arbeitsfläche so dünn wie möglich zu einem Rechteck ausrollen.

♦ Knoblauchsaft unter den größten Teil der Milch rühren und Teig mit der Hälfte davon bestreichen.

♦ Paprika und Parmesan mischen und mit etwas Salz und Cayennepfeffer würzen. Die Hälfte der Mischung über die Hälfte des Teigs streuen.

♦ Teig übereinanderschlagen und so dünn wie möglich ausrollen.

♦ Den Vorgang mit der restlichen Knoblauchmilch und Parmesanmischung wiederholen und zu einem Rechteck von höchstens 0,5 cm Dicke ausrollen. Mit Milch bestreichen und in 1 cm breite und 15 cm lange Streifen schneiden.

♦ Mit mindestens 2,5 cm Abstand auf ein gefettetes Backblech legen und 7–10 Min. backen, bis die Streifen aufgegangen und goldbraun sind.

—— SERVIERVORSCHLAG ——

Wie einen Holzstoß arrangieren und warm servieren.

GEBACKENER KNOBLAUCH-SCHAFSKÄSE

ZUTATEN
ERGIBT ETWA 16 STÜCK
250 g Schafskäse
3–4 Knoblauchzehen, zerdrückt
1 EL frische gemischte Kräuter, zerstoßen und zerkleinert
300 ml Olivenöl

ZUBEREITUNG

♦ Käse in 2,5 cm große Würfel schneiden und in einer Schicht in eine flache Auflaufschale legen.

♦ Mit Knoblauch und Kräutern bestreuen, dann mit dem Olivenöl übergießen.

♦ Schale zudecken und mindestens 12 Stunden an einem kühlen Platz stehen lassen, so daß das Aroma von Knoblauch und Kräutern in den Käse einzieht.

♦ Das Knoblauchöl bis auf einige EL abgießen, dann den Käse darin etwa 6 Min. backen, bis er goldbraun ist.

—— SERVIERVORSCHLAG ——

Sofort mit Cocktailstäbchen (Zahnstochern) servieren.

Durchgeseiht eignet sich das restliche Öl hervorragend für Salatsoßen, Marinaden und zum Braten.

—— VARIATION ——

Soll das Gericht als erster Gang serviert werden, Käse in 0,5 cm dicke Scheiben schneiden, marinieren, backen und mit scharfer Stachelbeersoße servieren.

NÜSSE, IN KNOBLAUCHBUTTER GERÖSTET

ZUTATEN
250 g geschälte Mandeln, Cashews oder Erdnüsse oder eine Mischung
25 g Butter
1 EL Öl
2–3 Knoblauchzehen, fein zerdrückt
Steinsalz

ZUBEREITUNG

♦ Zur Entfernung der Haut Mandeln mit kochendem Wasser übergießen, danach kurz in kaltes Wasser tauchen. Bei den Erdnüssen die braune Haut abreiben.

♦ Butter, Öl und Knoblauch in einer schweren Pfanne erhitzen. Nüsse bei mittlerer Hitze 3–5 Min. rösten, bis sie knusprig und goldbraun sind.

♦ Auf Küchenpapier abtropfen lassen und mit Steinsalz bestreuen. Warm servieren.

———————— VARIATION ————————

Scharfe Knoblauch-Nüsse: Etwas Cayennepfeffer zu dem Steinsalz geben.

KARTOFFELBÄNDER

ZUTATEN

FÜR 4 PERSONEN

2 große Kartoffeln

2 Knoblauchzehen, in Scheiben

100 g Butter

1 EL Parmesankäse

Salz und Pfeffer

Paprikapulver

Temperatur
220 °C

ZUBEREITUNG

◆ Kartoffeln schälen und in 2 cm dicke Scheiben schneiden. Scheiben in Runden schälen, so daß ein langes, dünnes Band entsteht.
◆ Bänder mindestens 1 Std. in Eiswasser legen. Abtropfen lassen und trocken tupfen.
◆ Butter und Knoblauch vorsichtig in einer Pfanne erwärmen, bis der Knoblauch glasig ist. Knoblauch herausnehmen.
◆ Pfanne vom Herd nehmen, Kartoffelbänder einzeln in die heiße Knoblauchbutter tauchen und auf ein Backblech legen.
◆ Alle Bänder mit Parmesankäse bestreuen und mit Salz, Pfeffer und ein wenig Paprika würzen.
◆ Etwa 7–12 Min. überbacken, bis sie knusprig und gut gebräunt sind.
◆ Warm servieren.

———— VARIATION ————

Getrocknete Kartoffelbänder fritieren, auf Haushaltspapier abtropfen lassen und mit Knoblauchsalz bestreuen. Sofort servieren.

SCHARFE HACKBÄLLCHEN

ZUTATEN
FÜR 4–6 PERSONEN
500 g Rinderhack
1 kleine Zwiebel, gerieben
50 g frisches Paniermehl
2–3 Knoblauchzehen, zerdrückt
2 TL Tomatenmark
1 TL Zucker
1 TL Paprikapulver
2 Spritzer Tabasco
1 EL gemischte frische Kräuter
1 Ei, verquirlt
Salz und Pfeffer
50 g mit Salz und Pfeffer gewürztes Mehl
50 g Butter
2 EL Öl
200 ml Joghurt
1 EL Schnittlauchröllchen
1 EL Petersilie, gehackt

ZUBEREITUNG

♦ Hack, Zwiebel, Paniermehl, Knoblauch, Tomatenmark, Zucker, Paprika, Tabasco, Käuter und Ei mischen und mit Salz und Pfeffer würzen.
♦ Mischung zu murmelgroßen Bällchen formen und im gewürzten Mehl wälzen.
♦ Bällchen 5–10 Min. in Butter und Öl braten. Auf Haushaltspapier abtropfen lassen und warm halten.
♦ Für den Dip Joghurt, Schnittlauchröllchen und Petersilie mischen und mit Salz und Pfeffer abschmecken.

—————— SERVIERVORSCHLAG ——————

Hackbällchen mit Cocktail-Stäbchen und Joghurt-Dip servieren.

GEFÜLLTE PASTETCHEN

ZUTATEN

ERGIBT 25–30 STÜCK

2 mittelgroße Zwiebeln, fein gehackt
1½ EL Öl
1½ TL Kurkuma
1 TL Koriander, gemahlen
½ TL Kreuzkümmel, gemahlen
½ TL Paprikapulver
½ TL Garam Masala
Prise Cayennepfeffer oder Chilipulver
3 Knoblauchzehen, zerdrückt
100 g Möhren, gerieben
½ TL Zucker
350 g Rinderhack
150 g Reis, gekocht
Salz und Pfeffer
350 g Blätterteig
3 EL Milch
Temperatur 220 °C

ZUBEREITUNG

Eine Cocktail-Version westindischer Pasteten.

◆ Zwiebeln mit allen Gewürzen bis auf ½ TL Kurkuma in heißem Öl mehrere Minuten erhitzen; gut umrühren.

◆ Knoblauch, Möhren und Zucker dazugeben, Hitze herunterschalten, Mischung weitere 10 Min. kochen, bis die Zwiebeln glasig sind.

◆ Hack dazugeben, bei mittlerer Hitze unter Umrühren etwa 7 Min. garen, bis das Fleisch nicht mehr rosa ist.

◆ Gekochten Reis unterrühren und abschmecken. Abkühlen lassen.

◆ Teig auf einer mit Mehl gut bestäubten Arbeitsfläche dünn ausrollen, mit einem Glas oder einer Ausstechform Kreise von 7,5 cm Durchmesser ausstechen.

◆ Teigreste zu einer Kugel formen, ausrollen und ausstechen. Kreise mit ein wenig Mehl dazwischen stapeln und im Kühlschrank lagern.

◆ Für die Füllung 1 gehäuften TL Fleisch jeweils auf eine Hälfte des Teigkreises geben. Den Rand rundherum leicht mit Wasser bestreichen, Teig zu einem Halbkreis zusammenklappen. Die angefeuchteten Ränder mit einer Gabel zusammendrücken; Pastetchen oben einstechen.

◆ Restliches Kurkuma in wenig heißem Wasser und der Milch auflösen.

◆ Die gefüllten Pastetchen mit etwas Abstand auf ein gut gefettetes Backblech legen, mit der Kurkuma-Milch bestreichen und knusprig und braun backen.

◆ Warm servieren.

OLIVEN-SARDELLEN-HAPPEN

ZUTATEN

FÜR 6 PERSONEN

100 g schwarze Oliven

2–3 Knoblauchzehen, grob gehackt

75 g Sardellen, aus der Dose

1 EL Kapern

100 ml Olivenöl

1 mittelgroßes Baguette-Brot, in dünnen Scheiben

ZUBEREITUNG

♦ Oliven entsteinen und grob hacken, mit Knoblauch, Sardellen und Kapern verrühren, dabei das Öl nach und nach dazugeben.

♦ Brot auf einer Seite toasten. Die andere Seite dick mit der Mischung bestreichen, unter einen heißen Grill stellen, bis die Ränder gut gebräunt sind. Warm servieren.

── VARIATION ──

Dieser Aufstrich kann auch auf knusprigen, mit Butter bestrichenen Toaststreifen serviert werden.

ROHKOST

Eine Auswahl von knackigem, jungem Gemüse mit verschiedenen Dips ist ideal zu einem Aperitif vor der Mahlzeit, eignet sich aber auch als eigenständiger Gang zum Abendessen. Rechnen Sie 100–175 g Gemüse und 50–75 g Dip pro Person. Wichtig sind Kontraste in Farbe, Geschmack und Struktur, servieren Sie daher mindestens drei verschiedene Gemüsesorten und zwei Dips. Je mehr Leute Sie bewirten, desto größer kann die Auswahl sein. Da kräftige Knoblauch-Dips nicht jedermanns Geschmack sind, bieten Sie auch einen milderen an wie etwa den Joghurt-Dip zu den scharfen Hackbällchen (s. S. 17).

Vorschläge für das Gemüse: Möhren, Zucchini, Stangensellerie und Gurke in dünnen Streifen; rote, grüne oder gelbe Paprikaschoten in Streifen; Blumenkohl in Röschen zerteilt; Radieschen; kleine Frühlingszwiebeln oder Schalotten; rohe Champignons; Cocktail-Tomaten. Spieße mit Melonen- oder Birnenwürfeln sind auch sehr lecker, besonders mit Knoblauch-Mayonnaise.

Vorschläge für Dips: Aïoli (s. S. 54); Aïoli Verde (s. S. 54); Pesto (s. S. 54); echte Taramasalata (s. S. 30); Guacamole (s. S. 40); Ganoug Ganoug (s. S. 41); Knoblauch-Mayonnaise – selbstgemacht oder gekauft und mit Knoblauchpüree (s. S. 113) oder Knoblauchsaft gewürzt; Frischkäse, mit etwas Milch oder Sahne verrührt und ein wenig zerdrücktem Knoblauch, Schnittlauch und Petersilie gewürzt.

ARKADISCHE KNOBLAUCHSUPPE

ZUTATEN

FÜR 4–6 PERSONEN

15–20 Knoblauchzehen, ungeschält

5 EL Olivenöl

1 l Hühner- oder Kalbsbrühe

2 TL frischer Thymian

$^{1}/_{2}$ TL Salz

weißer Pfeffer

3 Eigelb

ZUM SERVIEREN

Baguettescheiben oder Toast

geriebener Käse

ZUBEREITUNG

In einem Gedicht über einen leidenschaftlichen Schäfer erwähnt der Dichter Vergil auch eine duftende Suppe aus zerdrücktem Knoblauch und wildem Thymian für die Schnitter, die unter der sengenden Hitze leiden. Ich kann mir vorstellen, daß er an eine Suppe wie diese dachte.

♦ Knoblauch 1 Min. blanchieren, abtropfen lassen und schälen. In der Hälfte des Öls garen, aber nicht braun werden lassen. Brühe, Thymian, Salz und reichlich weißen Pfeffer dazugeben. 30 Min. köcheln lassen und noch einmal abschmecken.

♦ Suppe durch ein Sieb passieren oder pürieren, dabei einige ganze Knoblauchzehen zurückbehalten. Suppe wieder in den Topf geben und warm halten.

♦ Eigelb schlagen und das restliche Öl nach und nach dazugeben. Einige Löffel Suppe unter die Eimischung rühren; Suppe vom Herd nehmen und die Eimischung in einem dünnen Strahl unter kräftigem Rühren dazugeben.

──────── SERVIERVORSCHLAG ────────

Sofort mit Baguettescheiben oder Toast servieren, mit etwas geriebenem Käse bestreuen.

──────── VARIATION ────────

Die Öl-Ei-Mischung weglassen, dafür sechs frische Eier in der köchelnden, nicht pürierten Suppe pochieren.

KNOBLAUCH-CHAMPIGNON-CREMESUPPE

ZUTATEN

FÜR 3–4 PERSONEN

2 Knoblauchzwiebeln
(etwa 25 Zehen)

200 g weiße Champignons, geputzt
und halbiert

75 g Butter

1 TL frischer Thymian

25 g Mehl

150 ml Hühnerbrühe

150 ml Milch

75 ml Sahne

Salz und Pfeffer

ZUM SERVIEREN

2 EL Petersilie, gehackt

50 g Champignons, in dünnen
Scheiben

ZUBEREITUNG

♦ Knoblauchzehen voneinander trennen, 1 Min. in kochendem Wasser blanchieren, abtropfen lassen und abziehen.

♦ Pilze in der Butter 5 Min. anschwitzen. Aus der Pfanne nehmen, beiseite stellen.

♦ Knoblauch und Thymian in die Butter-Champignon-Flüssigkeit geben und zugedeckt 10–15 Min. köcheln lassen, bis die Knoblauchzehen weich werden.

♦ Mehl dazugeben und einige Min. kochen lassen. Hitze höherschalten und Brühe und Milch nach und nach unter ständigem Rühren dazugießen. 10 Min. köcheln lassen.

♦ Pilze dazugeben und noch 1 Min. köcheln lassen, damit sie heiß werden.

♦ Vom Herd nehmen, Sahne unterrühren und mit Salz und Pfeffer abschmecken.

———————— SERVIERVORSCHLAG ————————

Mit gehackter Petersilie und dünnen, knackigen, rohen Pilzscheiben servieren.

ZITRONEN-HÜHNERBRÜHE MIT KRÄUTERKLÖSSCHEN

ZUTATEN

FÜR 6 PERSONEN

100 g feines Paniermehl

1 Knoblauchzehe, zerdrückt

1 EL Petersilie, fein gehackt

1 TL Dill, fein gehackt

1 TL gemischte frische Kräuter

Salz und Pfeffer

1 Ei, verquirlt

etwas mit Salz und Pfeffer
gewürztes Mehl

1 l kräftige Hühnerbrühe

Saft von 2 großen Zitronen

ZUM SERVIEREN

6 frische Dillzweige

6 Scheiben Zitrone

ZUBEREITUNG

Zu dieser leckeren Brühe mit Kräuter-Knoblauch-Klößchen wurde ich durch die beste griechische Zitronen-Hühner-Suppe, die ich je gegessen habe, angeregt. Zubereitet wurde die Suppe von der stattlichen Eigentümerin eines winzigen Familienrestaurants in einer Seitenstraße auf Rhodos.

♦ Für die Klößchen Paniermehl, Knoblauch, Petersilie, Dill und gemischte Kräuter vermengen. Mit etwas Salz und Pfeffer abschmecken und soviel verquirltes Ei dazugeben, daß ein weicher Teig entsteht.

♦ Aus der Mischung murmelgroße Klößchen formen und in dem gewürzten Mehl wälzen.

♦ Brühe zum Kochen bringen und die Klößchen darin 5–8 Min. pochieren.

♦ Vom Herd nehmen, Zitronensaft dazugeben und nachwürzen.

———————— SERVIERVORSCHLAG ————————

Jede Portion mit einem Dillzweig und einer Zitronenscheibe dekorieren.

Rechte Seite: Knoblauch-Champignon-Cremesuppe

DUFTENDE SALATSUPPE

ZUTATEN

FÜR 4–6 PERSONEN

6 Knoblauchzehen, ungeschält

2 große Köpfe Eisbergsalat

3 EL Zwiebeln, fein gehackt

3 EL Butter

4 EL Mehl

$1/2$ TL Zucker

Salz und Pfeffer

800 ml Milch oder Milch und
Wasser gemischt

2 Eigelb

50 ml Sahne

ZUM SERVIEREN

1 EL frische Petersilie, Schnittlauch
oder Minze, gehackt

Geröstete Knoblauch-Croûtons
(s. S. 104)

ZUBEREITUNG

♦ Ungeschälte Knoblauchzehen in kochendes Wasser geben und 8 Min. köcheln lassen. Abtropfen lassen, schälen und grob hacken.
♦ Salat waschen und fein zerkleinern. Vorsichtig mit den Zwiebeln 5 Min. in der Butter dünsten.
♦ Knoblauch unterrühren und weitere 5 Min. garen.
♦ Vom Herd nehmen und Mehl, Zucker und etwas Salz und Pfeffer dazugeben. Wieder auf den Herd stellen und die Milch unterrühren. Zum Kochen bringen und etwa 15 Min. köcheln lassen, bis das Gemüse weich ist.
♦ Die Suppe durch ein Sieb passieren oder pürieren. Wieder in den Topf geben und abschmecken.
♦ Eigelb und Sahne vermengen und in die Suppe rühren. Bis kurz vor dem Siedepunkt erhitzen (wenn die Suppe kocht, gerinnt das Eigelb).

—————— SERVIERVORSCHLAG ——————

Jede Portion mit gehackter Petersilie, Minze oder Schnittlauch-röllchen bestreuen; dazu geröstete Knoblauch-Croûtons servieren.

—————— VARIATION ——————

Um einen intensiveren Geschmack zu erreichen, eine Handvoll grob gehackte Brunnenkresse zu dem köchelnden Salat geben.

MARITIME INSELSUPPE

ZUTATEN
FÜR 6 PERSONEN
200 g Fischstücke
1 großes Bund Petersilie
2–3 frische Dillzweige
1 l Wasser
1 mittelgroße Zwiebel, in Ringen
250 ml Weißwein oder Wein und Wasser gemischt
2 Knoblauchzehen, ungeschält
350 g Kartoffeln, geschält
1 kleine Stange Lauch, nur der weiße Teil
½ EL Tomatenmark
2 Eiweiß
1 EL Parmesankäse
1 TL Knoblauchsaft
Salz und weißer Pfeffer
ZUM SERVIEREN
18 geschälte Krabben

ZUBEREITUNG

♦ Fisch, Petersilie, Dill, Wasser, Zwiebeln und Weißwein mit etwas Salz und Pfeffer 30 Min. köcheln lassen.

♦ Kartoffeln in 2 cm große Stücke und den Lauch in gut 1 cm dicke Scheiben schneiden.

♦ Fischbrühe in einen sauberen Topf seihen, Kartoffeln, Lauch und Tomatenmark dazugeben. 15–20 Min. köcheln lassen, bis die Kartoffeln gar sind.

♦ Suppe durch ein Sieb passieren oder pürieren, bis sie glatt ist. Wieder in den Topf füllen und mit Salz und Pfeffer abschmecken. Langsam zum Kochen bringen.

♦ Eiweiß mit einer kräftigen Prise Salz sehr steif schlagen. Parmesankäse, Knoblauchsaft und etwas weißen Pfeffer unterziehen.

♦ Eiweiß eßlöffelweise in die köchelnde Suppe geben, etwa 5 Min. pochieren, bis es fest ist.

—————— SERVIERVORSCHLAG ——————

Mit je 3 Krabben pro Portion sofort servieren.

—————————— VARIATION ——————————

Soll die Suppe einfacher werden, Eiweißmischung weglassen. Statt dessen unter jede Portion 1 EL Sahne rühren und mit gerösteten Knoblauch-Croûtons (s. S. 104) servieren.

GAZPACHO

ZUTATEN

FÜR 8 PERSONEN

4 dicke Scheiben Weißbrot ohne Rinde

4 EL Olivenöl

1 EL Kräuter- oder Rotweinessig

4 Knoblauchzehen, gehackt

1 TL Zucker

1 kg reife Tomaten, geschält, entkernt, gehackt

2 süße rote Paprikaschoten, entkernt, gehackt

1 mittelgroße Zwiebel, gehackt

1 kleine Gurke, gehackt

Salz und Pfeffer

Eiswasser

Eiswürfel, wenn gewünscht

ZUBEREITUNG

Diese kalte Sommersuppe sättigt und erfrischt zugleich. Wenn Sie sie entsprechend garnieren, ergibt die Suppe auch eine vollständige Mahlzeit.

♦ Brot zerkrümeln und Öl, Essig, Knoblauch und Zucker untermengen. Tomaten, Paprika, Zwiebel und Gurke dazugeben und entweder durch ein grobes Sieb passieren oder pürieren. Die Mischung sollte nicht zu fein werden.

♦ Mit reichlich Salz und Pfeffer würzen und mit Eiswasser verdünnen, bis die gewünschte Konsistenz erreicht ist.

♦ An einem wirklich heißen Tag einige Eiswürfel in jede Portion geben.

♦ Garniervorschläge für Gazpacho; auch Kombinationen sind möglich: rote und grüne Paprikaschoten in Streifen, fein gewürfelte Gurke, ein Klecks Aïoli (s. S. 54), Joghurt oder Mayonnaise; ein Schuß saure Sahne; geröstete Knoblauch-Croûtons (s. S. 104); schwarze Oliven ohne Stein; hartgekochte Eier in Scheiben; Tomatenscheiben; gehackte Frühlingszwiebeln oder Schalotten; milde Zwiebeln in Ringen.

BOUILLABAISSE

ZUTATEN

FÜR 8 PERSONEN

1 kg Fisch

200 g Schalentiere

4 EL Olivenöl

1 große Zwiebel, grob gehackt

4 Knoblauchzehen, zerdrückt

450 ml Wein

1 EL frische Kräutermischung

1 Prise Safran, wenn gewünscht

350 g Tomaten, geschält, entkernt,
grob gehackt

1 TL Zucker

Salz und Pfeffer

etwas Cayennepfeffer

ZUM SERVIEREN

16 Scheiben Baguettebrot, geröstet
in Öl oder klarer Knoblauchbutter
(s. S. 61)

ZUBEREITUNG

*Die mediterrane Küche kennt zahlreiche Varianten dieser Suppe. Verwenden
Sie alle Fischsorten, die sie bekommen können!*

♦ Fisch säubern, in gleich große Stücke teilen. Muscheln schrubben,
Fäden entfernen. Garnelen schälen, bei der Verwendung von
Kammuscheln Fleisch aus der Schale lösen und halbieren.

♦ Fisch nach Sorten mit festem und weichem Fleisch trennen.
Tintenfisch getrennt aufbewahren.

♦ Öl in einem großen Topf erhitzen und Zwiebel schmoren, bis sie
anfängt, braun zu werden. Knoblauch hinzufügen und mehrere
Minuten garen. Wein, Kräutermischung und Safran dazugeben.

♦ 5 Min. köcheln lassen, Tintenfisch dazugeben, weitere 10 Min.
garen. Festfleischigen Fisch hineingeben, 10 Min. kochen. Weich-
fleischigen Fisch hinzufügen und köcheln lassen, bis er fast gar ist.
Eventuell Wasser nachgießen, so daß der Fisch immer bedeckt ist.

♦ Tomaten, Schalentiere und Zucker dazugeben und mit Salz, Pfeffer
und etwas Cayennepfeffer würzen. Weitere 5 Min. kochen, bis sich
die Muscheln geöffnet haben.

────── SERVIERVORSCHLAG ──────

Mit geröstetem Brot und einem kräftigen Klecks Aïoli zu jeder
Portion servieren.

VORSPEISEN

Rechte Seite: Echtes Taramasalata (s. S. 30)

ECHTES TARAMASALATA

ZUTATEN

FÜR 4 PERSONEN

50 g Weißbrot ohne Rinde, in einer Scheibe

200 g frischer, geräucherter Dorsch- oder Kabeljaurogen

2 Knoblauchzehen, zerdrückt

6 EL Olivenöl

Zitronensaft nach Geschmack

ZUBEREITUNG

Dieses Rezept hat nur eines gemein mit dem salzigen, rosa Industrieprodukt Taramasalata: den Namen. Die Zubereitung lohnt sich nur, wenn Sie frischen geräucherten Dorsch- oder Kabeljaurogen bekommen können, außen dunkelrot und marmoriert, innen rötlich-rosa. Dorsch- oder Kabeljaurogen in Dosen oder Gläsern ist immer sehr salzig.

♦ Brot in Wasser einweichen und ausdrücken.

♦ Rogen abziehen und mit Brot und Knoblauch zu einem Brei verarbeiten.

♦ Nach und nach Olivenöl unterrühren; Zitronensaft nach Geschmack zugeben.

♦ Mit Zitronensegmenten und griechischem Fladenbrot servieren; oder als Beilage zu überbackenen Kartoffeln.

──────── VARIATION ────────

Taramasalata läßt sich auch im Mixer herstellen, aber die Mischung wird dann in der Konsistenz dicker sein. Dann muß sie mit etwas Sahne oder zusätzlichem Zitronensaft verdünnt werden.

Bei der Zubereitung eines Aufstrichs aus Dorsch- oder Kabeljaurogen das Brot weglassen und nur die halbe Menge an Öl und Knoblauch nehmen. Dünn auf Vollkorntoaststreifen streichen und mit Zitronensegmenten servieren.

SORBET-TOMATEN

ZUTATEN

FÜR 4 PERSONEN

2 große Fleischtomaten

Salz

2 Knoblauchzehen, zerdrückt

schwarzer Pfeffer, frisch gemahlen

eine gute Handvoll frische Minzeblätter

Saft von 1 großen Zitrone

2 TL Zucker

2 Eiweiß

ZUM SERVIEREN

Minzezweige

ZUBEREITUNG

♦ Tomaten quer halbieren, aushöhlen, Kerne und Mark aufbewahren.

♦ Tomatenhälften innen mit etwas Salz bestreuen, umdrehen und abtropfen lassen.

♦ Tomatenhälften innen mit zerdrücktem Knoblauch bestreichen und mit reichlich Pfeffer bestreuen.

♦ Kerne und Mark der Tomaten durch ein Sieb drücken und den Saft auffangen, mit Wasser auf 150 ml auffüllen.

♦ Minzeblätter, Tomatensaft, Zitronensaft und Zucker in einem Mixer zerkleinern. Die Mischung sollte nicht zu fein sein.

♦ In einen Eiswürfelbehälter füllen und etwa 1 Std. einfrieren, bis sich Kristalle bilden, die Mischung aber noch etwas cremig ist.

♦ Eiweiß mit etwas Salz nicht zu steif schlagen, unter die halbgefrorene Minzemischung heben. Unter gelegentlichem Umrühren einfrieren.

──────── SERVIERVORSCHLAG ────────

Sorbet in Tomatenhälften füllen und mit Minzezweigen garnieren.

SCHNECKENBRÖTCHEN

ZUTATEN

FÜR 4 PERSONEN

4 große, weiche, weiße Brötchen

3–4 Knoblauchzehen, zerdrückt

100 g Butter, weich

*1 EL Frühlingszwiebeln oder Lauch
(nur die grünen Teile), gehackt*

1 EL Petersilie, gehackt

Salz und Pfeffer

*16 Schnecken aus der Dose, mit
Gehäusen*

Temperatur
220 °C und 180 °C

ZUBEREITUNG

Für viele Leute ist es der Höhepunkt eines Schneckenessens, die aromatische Flüssigkeit mit frischem Brot aufzutunken. Bei diesem Rezept wird der Saft während der Zubereitung vom Brot aufgesogen. Die Oberteile der Brötchen lassen sich zum Eintunken verwenden.

♦ Das obere Drittel der Brötchen abschneiden, in den unteren Teilen vier Vertiefungen schaffen, in die jeweils ein Schneckenhaus hineinpaßt.

♦ Knoblauch mit der weichen Butter, den Frühlingszwiebeln oder Lauch und der Petersilie vermengen und mit etwas Pfeffer und Salz würzen.

♦ Schnecken abtropfen lassen und je eine in ein Gehäuse legen. Gehäuse mit der Knoblauch-Butter-Mischung füllen.

♦ Jeweils vier gefüllte Schneckenhäuser so aufrecht wie möglich in ein Brötchen geben. Brötchen auf einem Backblech arrangieren und etwa 7 Min. bei der höheren Temperatur backen, bis die Butter geschmolzen ist und die Schnecken durch und durch heiß sind.

♦ Mit den Oberteilen bedecken und bei der niedrigeren Temperatur warm halten, während die Gäste Platz nehmen. Servieren.

WARMER HÜHNERLEBERSALAT MIT KNOBLAUCH-CROÛTONS

ZUTATEN
FÜR 4–6 PERSONEN
3 EL Olivenöl
2 Knoblauchzehen, zerdrückt
1 Kopf Römischer Salat oder Eisbergsalat, mundgerecht zerkleinert
200 g frischer Spinat, mundgerecht zerkleinert
6 Scheiben Frühstücksspeck, in gut 1 cm große Stücke geschnitten
3 Scheiben Weißbrot, in gut 1 cm große Würfel geschnitten
350 g Hühnerleber
2 TL Zucker
1 EL Knoblauchessig (s. S. 112) oder Weinessig
1 EL Schnittlauchröllchen

ZUBEREITUNG

♦ Öl und Knoblauch in eine Bratpfanne geben und ziehen lassen.

♦ Salat und Spinat in einer Salatschüssel oder einzelnen Servierschalen mischen und beiseite stellen.

♦ In einer zweiten Pfanne Frühstücksspeck knusprig braten, auf Haushaltspapier abtropfen lassen und warm halten.

♦ Hühnerleber in dem Speckfett etwa 5 Min. braten, bis sie fest und außen gut gebräunt, innen aber noch hellrosa ist. Abtropfen lassen und warm halten.

♦ Brotwürfel in dem Knoblauchöl knusprig und goldbraun rösten. Abtropfen lassen und warm halten.

♦ Das Speckfett erhitzen und Zucker und Essig dazugeben. Vorsichtig köcheln lassen, bis der Zucker aufgelöst ist.

♦ Hühnerleber und Frühstücksspeck auf dem Salat und Spinat arrangieren. Warmes Dressing darübergießen, mit Knoblauch-Croûtons und Schnittlauchröllchen dekorieren und sofort servieren.

TARTE MARIE-ODILE

ZUTATEN

FÜR 4–6 PERSONEN

150 g Mehl

1 Prise Salz

1 TL Paprikapulver

2 Prisen Cayennepfeffer

100 g Butter, weich

1 EL Parmesankäse

1 Eigelb

800 g Ratatouille (s. S. 92), gekühlt und abgetropft

3 EL saure Sahne

50 g schwarze Oliven

1 EL Petersilie, grob gehackt

Temperatur
200 °C

ZUBEREITUNG

♦ Mehl, Salz, Paprika und Cayennepfeffer zusammen durchsieben. Die weiche Butter unterkneten, bis die Mischung feinkrümelig ist.

♦ Parmesankäse und Eigelb dazugeben. Ist der Teig zu hart und krümelig, etwas kaltes Wasser dazugießen.

♦ Teig in eine flache Kuchenform (Durchmesser 22 cm) drücken. Mit Alufolie abdecken und Backbohnen (getrockneten weißen Bohnen) füllen und etwa 20 Min. backen.

♦ Alufolie abdecken entfernen, Teig weitere 5 Min. im Ofen bräunen.

♦ Den noch warmen Boden aus der Form nehmen und zum Abkühlen auf ein Drahtgitter stellen.

♦ Boden auf einen Servierteller legen und mit der gekühlten, abgetropften Ratatouille füllen. Sahne spiralförmig darübergießen, mit Oliven dekorieren und mit Petersilie bestreuen.

♦ Sofort servieren, weil der Teig nicht lange knusprig bleibt.

PFANNKUCHEN MIT GARNELEN ODER KRABBEN

ZUTATEN

FÜR 4–6 PERSONEN

650 g gekochte Garnelen (Krabben),
ungeschält

Saft von $^1/_2$ Zitrone

1 kleine Zwiebel, geviertelt

2 Knoblauchzehen, grob gehackt

250 ml trockener Weißwein

$^1/_2$ TL Dill

$^1/_2$ Lorbeerblatt

3–4 Stengel Petersilie

1 Zweig Thymian

100 g Butter

120 g Mehl

250 ml Milch

150 ml Sahne

Salz und weißer Pfeffer

ZUBEREITUNG

◆ Garnelen (Krabben) waschen und schälen. Zugedeckt in den Kühlschrank stellen. Die Hälfte der Schalen, Zitronensaft, Zwiebel, Knoblauch, Wein und Kräuter in einem großen Topf 30 Min. köcheln lassen.

◆ Für den Pfannkuchenteig 100 g Mehl und eine gute Prise Salz durchsieben und Eier unterrühren. 25 g Butter zerlassen und mit ausreichend Milch zu der Mehl-Ei-Mischung geben, so daß ein ziemlich dicker Teig entsteht. Mindestens 1 Std. in den Kühlschrank stellen.

◆ Schalenbrühe durchseihen und, wenn nötig, auf etwa 150 ml reduzieren.

◆ 25 g Butter zerlassen und das restliche Mehl dazugeben. Einige Minuten bei mäßiger Hitze rühren, ohne daß es braun wird. Die Brühe dazugeben und weitere 5 Min. köcheln lassen.

◆ Vom Herd nehmen und Garnelen (Krabben) und die Sahne dazugeben. Nachwürzen und warm stellen.

◆ Den gekühlten Pfannkuchenteig umrühren, eventuell noch etwas Milch nachgießen. Jeweils 1 EL in einer Pfanne mit Butter backen, die fertigen Pfannkuchen warm stellen.

◆ Wenn alle gebacken sind, die Pfannkuchen mit der Garnelenmischung füllen und in eine mit Butter gefettete Backschüssel legen.

◆ Die restliche Butter in Flocken darauf verteilen. Bei mittlerer Hitze unter dem Grill 5 Min. bräunen und heiß werden lassen.

◆ Sofort servieren.

AVOCADOS MIT BLUMENKOHL UND SPECK

ZUTATEN

FÜR 4 PERSONEN

2 reife Avocados

100 ml Mayonnaise von guter
Qualität

$^{1}/_{2}$ EL Knoblauchpüree (s. S. 113)
oder 1 Knoblauchzehe, fein
zerdrückt

100 g Frühstücksspeck, in gut 1 cm
große Stücke geschnitten

200 g Blumenkohlröschen, roh

ZUBEREITUNG

♦ Avocados halbieren, Kerne entfernen. Die Vertiefung ein wenig vergrößern, dafür jeweils etwa $^{1}/_{2}$ EL Fleisch herauskratzen.
♦ Das Avocadofleisch mit der Mayonnaise mischen und Knoblauchpüree oder zerdrückten Knoblauch dazugeben.
♦ Frühstücksspeck knusprig grillen oder braten.
♦ Das Dressing mit den Blumenkohlröschen und dem größten Teil des Specks mischen und in die Avocadohälften füllen.
♦ Restlichen Speck zerkrümeln und über die Füllung streuen. Sofort servieren, sonst verfärben sich die aufgeschnittenen Avocados braun.

—————— VARIATION ——————
Anstelle von Mayonnaise 100 ml Aïoli (s. S. 54) oder Salsa Verde (s. S. 56) nehmen und Knoblauch weglassen.

GEFÜLLTE PILZE

ZUTATEN
FÜR 4 PERSONEN
8 große, flache Pilze
50 g Butter, weich
2–3 Knoblauchzehen, fein gehackt
2 EL frische Brotkrumen
1 EL Petersilie, fein gehackt
Temperatur
180 °C

ZUBEREITUNG

◆ Pilze putzen; Stiele so dicht wie möglich am Kopf abschneiden.

◆ Butter und Knoblauch mischen.

◆ Pilze mit der Lamellenseite nach oben auf ein gefettetes Backblech legen und einige Flocken Knoblauchbutter daraufsetzen. Mit Alufolie bedecken und 15–20 Min. backen, bis die Pilze anfangen, weich zu werden.

◆ Alufolie entfernen und Pilze mit Brotkrumen und Petersilie füllen. Bei großer Hitze unter den Grill schieben, bis die Brotkrumen braun werden.

FETA-KNOBLAUCH-SALAT

ZUTATEN
FÜR 4 PERSONEN
400 g reife Tomaten, abgezogen, in 2,5 cm große Stücke geschnitten
200 g Fetakäse, in 2,5 cm große Stücke geschnitten
50 g schwarze Oliven, entkernt
3 EL Olivenöl
1–2 Knoblauchzehen, fein gehackt
3 TL frische Basilikumblätter, grob gehackt
½ TL Zucker
schwarzer Pfeffer, frisch gemahlen

ZUBEREITUNG

Mit frischem, knusprigem Brot ergibt dieser würzige, erfrischende Salat eine Hauptmahlzeit. Ohne Käse ist er eine schmackhafte Beilage.

♦ Tomaten, Fetakäse und Oliven in einer Servierschüssel aus Glas mischen; Öl, Knoblauch, Basilikum und Zucker dazugeben.

♦ Mit reichlich frisch gemahlenem schwarzen Pfeffer bestreuen und vorsichtig umrühren.

♦ Vor dem Servieren mindestens 1 Std. an einen kühlen Platz stellen, damit alles gut durchzieht.

───── VARIATION ─────

Für einen Mozzarella-Knoblauch-Salat Tomaten in Scheiben schneiden und abwechselnd mit 250 g Mozzarella-Scheiben kreisförmig arrangieren. Öl darübergießen und mit Knoblauch, Basilikum, Zucker und Pfeffer bestreuen. Mit den Oliven dekorieren.

KNOBLAUCH-KÄSEKUCHEN

ZUTATEN

FÜR 6 PERSONEN

200 g Mürbeteig

1 Knoblauchknolle (etwa 12 Zehen)

1 Handvoll Petersilie

1 Handvoll Brunnenkresse oder
Spinat

150 g Doppelrahmfrischkäse

100 ml Sahne

3 Eier, verquirlt

Salz und Pfeffer

Temperatur
220 °C und 180 °C

ZUBEREITUNG

♦ Teig in eine runde Kuchenform (Durchmesser 20 cm) füllen und mit Alufolie bedecken. Backbohnen darauflegen und 10–15 Min. bei der höheren Temperatur backen.

♦ Backbohnen und Folie entfernen, Boden abkühlen lassen.

♦ Die ungeschälten Knoblauchzehen 25 Min. köcheln lassen, bis sie weich sind. Abtropfen lassen und nach dem Abkühlen zu einer Paste zerdrücken.

♦ Petersilie und Brunnenkresse oder Spinat in kochendes Wasser geben und 7–10 Min. weichkochen. Unter kaltem Wasser abschrecken. Überschüssige Flüssigkeit ausdrücken und fein zerhacken. Mit der Knoblauchpaste mischen und mit etwas Salz und Pfeffer würzen.

♦ Mischung auf dem Boden verteilen.

♦ Doppelrahmfrischkäse mit der Sahne und etwas Salz und Pfeffer glatt rühren. Die verquirlten Eier dazugeben.

♦ Über die Knoblauchpaste gießen und etwa 25 Min. bei der niedrigeren Temperatur backen. Warm servieren.

GUACAMOLE-BLINIS

ZUTATEN

FÜR 6 PERSONEN

Blinis

1 EL frische Hefe

½ TL Zucker

200 g Buchweizenmehl

Milch mit warmem Wasser gemischt

200 g Weizenmehl

2 kleine Eier, getrennt

25 g Butter, zerlassen

klare Knoblauchbutter

Guacamole

2 reife Avocados

1–2 Knoblauchzehen, zerdrückt

1 kleine Zwiebel, gerieben

1 EL Zitronensaft

Salz, Pfeffer und Cayennepfeffer

saure Sahne

Schnittlauchröllchen

ZUBEREITUNG

♦ Für die Blinis Hefe und Zucker cremig rühren, mit ausreichend Milch und warmem Wasser zu dem Buchweizenmehl geben, so daß eine dicke Creme entsteht. An einem warmen Platz 20 Min. gehen lassen.

♦ Das Weizenmehl mit dem Eigelb, der zerlassenen Butter und ½ TL Salz und ausreichend Milch und Wasser zu einem dicken Teig verrühren.

♦ Teig mit der Buchweizenmischung vermengen und bei Zimmertemperatur 2 Std. gehen lassen.

♦ Direkt vor der Zubereitung Eiweiß mit einer Prise Salz steif schlagen und unter die Mischung ziehen.

♦ In einer heißen, gut gefetteten Pfanne dessertlöffelweise mehrere Minuten von beiden Seiten rösten.

♦ Die fertigen Blinis mit der Knoblauchbutter bestreichen, stapeln und warm stellen.

♦ Für die Guacamole das Avocadofleisch mit Knoblauch, Zwiebel und Zitronensaft zerdrücken und mit Salz, Pfeffer und Cayennepfeffer würzen.

♦ Mit den warmen Blinis servieren. Dazu Schälchen mit saurer Sahne und Schnittlauchröllchen reichen.

— VARIATION —

Ganoug Ganoug (s. S. 41) anstelle der Guacamole verwenden.

GANOUG GANOUG

ZUTATEN
FÜR 4 PERSONEN
2 Auberginen
2–3 Knoblauchzehen, fein zerdrückt
2 EL Olivenöl
1 EL Zitronensaft
Salz und Pfeffer
Temperatur 180 °C

ZUBEREITUNG

♦ Auberginen in eingeölte Alufolie wickeln, auf ein Backbleck legen und 30–45 Min. garen, bis sie weich sind.
♦ Auberginen aufschneiden und das Fleisch herauslösen.
♦ Auberginenfleisch mit Knoblauch, Öl und Zitronensaft mischen. Mit Salz und Pfeffer abschmecken, in den Kühlschrank stellen.

—————— SERVIERVORSCHLAG ——————

Sehr kalt mit warmem, trockenem Toast und kühler, frischer Butter servieren.

—————— VARIATION ——————

Auch sehr schmackhaft als Dip für Tacos oder Rohkost (s. S. 20) oder als leckerer Aufstrich für Blinis (s. S. 40).

Papayas mit Krabben

ZUTATEN

FÜR 4 PERSONEN

2 reife Papayas, je 275–350 g

25 g geschlagene Sahne

100 g Mayonnaise

Knoblauchpüree (s. S. 113) oder
Knoblauchsaft zum Würzen

Limetten-
oder Zitronensaft

etwas weißer Pfeffer

350 g Krabben

ZUBEREITUNG

Eine Ziege, die man abends an einen Papayabaum bindet, ist am nächsten Morgen nicht mehr da, erzählt man sich auf Jamaika. Dieses Luxusgericht mit Papayas und Krabben wird noch schneller verschwinden.

♦ Papayas öffnen und Kerne und »Fäden« entfernen.
♦ Schlagsahne mit der Mayonnaise mischen. Da selbstgemachte Mayonnaise meistens viel schwerer ist als fertig gekaufte, eventuell etwas mehr Schlagsahne nehmen, damit sie leichter wird.
♦ Nach Geschmack mit Knoblauchpüree oder -saft, Limetten- oder Zitronensaft und etwas weißem Pfeffer würzen. Dieses Dressing ist bestimmt sehr lecker.
♦ Dressing und Krabben mischen und Papayahälften damit füllen.
♦ Gekühlt servieren.

—— VARIATION ——

Anstelle von Papayas zwei kleine Melonen, halbiert und entkernt, nehmen. Die duftenden Sorten mit orange- oder pfirsichfarbenem Fleisch wie Charantais oder Canteloup eignen sich besonders gut.

EIER & PASTA

Rechte Seite: Überbackene Eier mit Erbsen und Sahne (s. S. 46)

ÜBERBACKENE EIER MIT ERBSEN UND SAHNE

ZUTATEN
FÜR 4 PERSONEN
450 g frische Erbsen (Gewicht ohne Schoten)
1 TL Zucker
frische Minzezweige
50 g Butter
Salz und Pfeffer
8 Eier
1 Knoblauchzehe, fein zerdrückt
150 ml Sahne
Temperatur 200 °C

ZUBEREITUNG

♦ Erbsen mit Zucker und Minze 15 Min. garen, bis sie weich sind.
♦ Abtropfen lassen, Minze wegwerfen und Erbsen grob pürieren.
♦ Butter unterrühren und mit Salz und Pfeffer abschmecken.
♦ Erbsenpüree auf 4 gefettete Auflaufformen verteilen und über jeder jeweils 2 Eier aufschlagen.
♦ Knoblauch unter die Sahne rühren und über die Eier gießen. 7–10 Min. backen, bis die Eier fest sind. Sofort servieren.

VARIATION

»Erbsenbrei« findet leider viel zuwenig Beachtung. Hier ein leckerer, ungewöhnlicher Serviervorschlag. Inhalt einer Dose (450 g) aufwärmen, ein wenig Butter unterrühren und mit reichlich Salz und Pfeffer abschmecken. Weiterverarbeitung wie für das Püree oben.

KNOBLAUCHNUDELN

ZUTATEN
FÜR 6 PERSONEN
450 g Mehl
2 Eier
1 EL Olivenöl
Saft von 2–3 Knoblauchzehen
2 EL gut abgetropftes Spinatpüree oder 1 EL Tomatenmark
1 TL Salz
lauwarmes Wasser zum Mischen
50 g Butter
Parmesankäse

ZUBEREITUNG

♦ Mehl, Eier, Öl, Knoblauchsaft, Spinatpüree oder Tomatenmark und Salz mischen, unter Zugabe von lauwarmem Wasser einen steifen Teig herstellen.
♦ Auf einer mit reichlich Mehl bestäubten Arbeitsfläche mindestens 10 Min. durchkneten, bis er elastisch ist.
♦ Teig in zwei Hälften aufteilen und mehrfach ausrollen und dehnen, bis er so dünn wie möglich ist. 15 Min. stehen lassen, damit er ein wenig fester wird.
♦ Beide Teigstücke mit Mehl bestäuben, locker aufrollen und mit einem scharfen Messer in ½–1 cm dicke Streifen schneiden.
♦ In reichlich Salzwasser 3–6 Min. *al dente* kochen, abtropfen lassen und sofort mit Butter und Parmesankäse oder mit einer Soße nach eigenem Geschmack servieren.

SCARBOROUGH-EIER

ZUTATEN

FÜR 2 PERSONEN

35 g Butter

1 Knoblauchzehe, zerdrückt

$^1/_2$ EL Petersilie, gehackt

$^1/_2$ TL frischer Salbei, gehackt

2–3 Blätter frischer Rosmarin, zerkleinert

$^1/_2$ TL frischer Thymian

Salz und Pfeffer

4 frische Eier

ZUBEREITUNG

♦ Butter bei niedriger Hitze zerlassen und Knoblauch, Kräuter und Gewürze hineingeben. Etwa 5 Min. langsam köcheln lassen, bis der Knoblauch glasig ist.

♦ Eier 3$^1/_2$–4 Min. kochen, abpellen.

♦ Eier in die Kräuter-Knoblauch-Butter geben und 1 Min. darin wenden. Rosmarin entfernen. Sofort servieren.

SERVIERVORSCHLAG

Ein perfektes Gericht für ein leichtes Mittagessen. Dazu knuspriges Brot und einen grünen Salat reichen.

PAPRIKA-EI

ZUTATEN

FÜR 3–4 PERSONEN

25 g Butter

1 mittelgroße Zwiebel, in dünnen
Ringen

1–2 Knoblauchzehen, zerdrückt

1 rote Paprikaschote, entkernt, in
dünnen Streifen

2 große Tomaten, geschält, entkernt,
grob gehackt

4 Eier

Salz und Pfeffer

ZUM SERVIEREN

Pro Person 1 Scheibe heißer Toast
mit Butter

1 EL Petersilie, gehackt

ZUBEREITUNG

♦ Butter in einer schweren Bratpfanne zerlassen und Zwiebeln, Knoblauch und Paprika 15 Min. garen. Tomaten dazugeben und weitere 5 Min. garen.
♦ Eier mit etwas Salz und Pfeffer verquirlen und über das Gemüse gießen.
♦ Hitze herunterschalten und die Mischung rühren, bis die Eier dick und cremig sind. Nicht zu lange erhitzen!

—————— SERVIERVORSCHLAG ——————
Auf Toast verstreichen, mit Petersilie bestreuen.

—————— VARIATION ——————
Noch nahrhafter wird das Gericht mit 175 g gekochtem Schinken. In Würfel geschnitten, wird er mit den Tomaten dazugegeben.

KNOBLAUCHROULADE

ZUTATEN	ZUBEREITUNG

<table>
<tr><td>ZUTATEN</td></tr>
<tr><td>FÜR 6 PERSONEN</td></tr>
<tr><td>50 g Butter</td></tr>
<tr><td>4 EL Mehl</td></tr>
<tr><td>1/2 TL Senf</td></tr>
<tr><td>1/4 TL Zucker</td></tr>
<tr><td>250 ml heiße Milch</td></tr>
<tr><td>2 EL Parmesankäse</td></tr>
<tr><td>50 g Cheddarkäse oder Greyerzer
Käse, gerieben</td></tr>
<tr><td>1 EL Knoblauchpüree (s. S. 113)
oder 2 Knoblauchzehen, zerdrückt</td></tr>
<tr><td>Salz und Pfeffer</td></tr>
<tr><td>4 Eier, getrennt</td></tr>
<tr><td>650 g frischer oder 350 g
tiefgefrorener Spinat</td></tr>
<tr><td>2 EL Sahne</td></tr>
<tr><td>Temperatur
220 °C</td></tr>
</table>

ZUBEREITUNG

♦ In einem Topf 15 g Butter mit dem Mehl, Senf und Zucker zerlassen, einige Minuten umrühren, dabei nicht braun werden lassen. Nach und nach die heiße Milch unterrühren, weitere 5 Min. köcheln lassen.

♦ Käse, Knoblauchpüree oder zerdrückten Knoblauch sowie Salz und Pfeffer dazugeben. Vom Herd nehmen, 3 Eigelb einzeln unterrühren; warm stellen.

♦ Spinat in reichlich heißem Salzwasser 5 Min. garen. Abtropfen lassen und unter kaltes Wasser halten. So kräftig wie möglich ausdrücken und fein hacken. Mit der restlichen Butter und etwas Salz und Pfeffer in einen Topf geben und etwa 15 Min. vorsichtig kochen, bis die Butter absorbiert ist. Noch einmal abschmecken und warm stellen.

♦ Wird tiefgefrorener Spinat verwendet, den unaufgetauten Block in kleine Stücke schneiden. Butter zerlassen, Spinatstücke dazugeben und ganz langsam kochen, bis der Spinat aufgetaut ist. Hitze etwas höher stellen, weitere 5 Min. kochen, abschmecken und warm stellen.

♦ Eiweiß mit einer Prise Salz steif schlagen. 1 EL Eiweiß zum Auflockern unter die Käsesoße schlagen.

♦ Käsesoße vorsichtig unter das restliche Eiweiß heben und die Mischung langsam in eine gut gefettete, mit Alufolie ausgelegte Rouladen-Form gießen. Im vorgeheizten Ofen 5–7 Min. backen.

♦ Sofort auf ein Geschirrtuch (in heißes Wasser getaucht und ausgewrungen) stürzen. Mit Dreiviertel des heißen Spinatpürees bestreichen, das mit dem restlichen Eigelb verrührt wurde. Wie eine Roulade aufrollen; dabei ist es hilfreich, wenn man ein Ende des Geschirrtuchs langsam anhebt.

♦ Roulade in eine vorgewärmte Schüssel legen. Sahne unter das restliche Spinatpüree rühren und rund um die Roulade gießen. Sofort servieren.

MASSAIA MIA

ZUTATEN

FÜR 2–3 PERSONEN

100 g Prosciutto (Schinken) oder gekochter Schinken, gewürfelt

1 kleine Knoblauchzehe, zerdrückt

25 g Butter

200 g rosa oder grüne Tagliatelle

50 g grüne Erbsen, gekocht

3 EL Sahne

Salz und frisch gemahlener schwarzer Pfeffer

ZUM SERVIEREN

2 EL Parmesankäse

1 EL Petersilie, gehackt

ZUBEREITUNG

♦ Prosciutto oder gekochten Schinken und Knoblauch vorsichtig in der Butter erhitzen.

♦ Tagliatelle in kochendem Salzwasser 3–5 Min. garen.

♦ Nudeln abgießen und Prosciutto oder gekochten Schinken, Knoblauchbutter, Erbsen und Sahne dazugeben, mit Salz und Pfeffer abschmecken.

―――――――― SERVIERVORSCHLAG ――――――――

Mit Parmesan und Petersilie bestreuen.

―――――――――――― VARIATION ――――――――――――

Knoblauch in der Butter erhitzen und mit 100 g gewürfeltem Räucherlachs unter die heißen, abgegossenen Nudeln rühren.

RAVIOLI

ZUTATEN

FÜR 4 PERSONEN

200 g Spinatpüree

2 Knoblauchzehen, zerdrückt

150 g Doppelrahmfrischkäse oder fettarmer Frischkäse

2 EL Parmesankäse

1 kleines Ei, gut verquirlt

Salz und Pfeffer

½ Menge Teig für Knoblauchnudeln (s. S. 46)

ZUBEREITUNG

Da die Größe und die Füllmenge der einzelnen Ravioli sehr unterschiedlich sein kann, ist die angegebene halbe Teigmenge für Knoblauchnudeln (s. S. 46) nur ein Richtwert.

♦ Spinatpüree, Knoblauch, Käse und verquirltes Ei mischen. Mit Salz und Pfeffer abschmecken und beiseite stellen.

♦ Den Teig auf einer mit Mehl bestäubten Arbeitsfläche mehrfach dehnen und ausrollen, bis er so dünn wie möglich ist. 15 Min. stehen lassen, damit er ein wenig fester wird.

♦ Eine Hälfte der Teigfläche mit Wasser bestreichen und darauf jeweils 1 TL der Füllung im Abstand von 2,5–3,5 cm verteilen.

♦ Die andere Teighälfte darüberklappen und rund um die Füllungen fest andrücken.

♦ Ravioli mit einem scharfen Messer oder Teigrad ausschneiden, so daß einzelne Rechtecke mit einer Füllung in der Mitte entstehen.

♦ Ravioli in reichlich kochendem Salzwasser 5–7 Min. garen, bis sie *al dente* und die Füllungen heiß sind.

♦ Abgießen, in ein wenig Butter schwenken und sofort servieren. Dazu zusätzlich Butter, Parmesankäse und vielleicht etwas Sahne reichen.

--- VARIATION ---

Für eine andere Füllung 100 g Frühstücksspeck in gut 1 cm große Stücke schneiden und mit 1 zerdrückten Knoblauchzehe in 15 g Butter sautieren, bis das Fett auszutreten beginnt. 175 g Hühnerleber, 2 EL fein gehackte Frühlingszwiebeln oder Schalotten, 1 TL fein gehackten frischen Majoran und ½ TL frischen Thymian dazugeben. Braten, bis die Leber fast gar und der Speck knusprig ist. Abkühlen lassen und zu einem groben Püree verarbeiten. Mit Salz und Pfeffer abschmecken.

Sossen & Dressings

Rechte Seite: Pesto (s. S. 54)

PESTO

ZUTATEN
50 g frische Basilikumblätter, fein gehackt
2 EL Pinienkerne
50 g Parmesankäse, fein gerieben
3 Knoblauchzehen, fein gehackt
6 EL Olivenöl

ZUBEREITUNG

Pesto wird traditionell als Soße zu Nudeln serviert, schmeckt aber auch gut zu kaltem Fleisch, gegrilltem Fisch, in Suppen oder als Salatdressing mit zusätzlich ein wenig Öl und einem Spritzer Zitronensaft. Pesto ist auch fertig zu kaufen, aber die eigene Herstellung lohnt sich, wenn reichlich frisches Basilikum zur Verfügung steht.

♦ Basilikum, Pinienkerne, Käse und Knoblauch in einem Mixer mischen und zu einer dicken, grünen, aromatischen Paste verrühren.
♦ Das Öl nach und nach dazugeben, bis es gut aufgesogen ist.

——————————— VARIATION ———————————

Für Walnuß-Pesto die Hälfte des Olivenöls durch Walnußöl ersetzen und anstelle von Pinienkernen gehackte Walnüsse nehmen.

AÏOLI

ZUTATEN
ERGIBT ETWA 500 ML
4–6 Knoblauchzehen (je nach Geschmack auch mehr)
1 Prise Salz
3 Eigelb
450 ml Olivenöl
Zitronensaft zum Abschmecken
etwas Wasser oder Sahne (wenn gewünscht)

ZUBEREITUNG

Aïoli ist die Knoblauchsoße schlechthin. Ursprünglich wurde sie zu Garnelen und Krabben serviert, sie schmeckt aber auch zu anderen Gerichten sensationell gut, von simplen Frikadellen bis zur Bouillabaisse. Ein Klecks davon richtet selbst das schlaffste Gemüse wieder auf, macht die fadeste Suppe hocharomatisch und verleiht Bratenresten vom Vortag einen ganz neuen Geschmack. Man kann natürlich auch zerstoßenen Knoblauch oder Knoblauchpüree (s. S. 113) mit selbstgemachter oder fertig gekaufter Mayonnaise verrühren. Das ist zwar sehr aromatisch, aber Aïoli ist diese Mayonnaise noch lange nicht.

♦ Knoblauch fein hacken und mit dem Salz in einem Mörser zerstoßen, bis die Masse glatt ist. Eigelb hineinrühren.
♦ Öl zunächst tropfenweise, dann in einem dünnen Strahl dazugeben, sobald die Mischung glänzt und andickt.
♦ Mit Zitronensaft abschmecken, und wenn die Mischung noch zu dick sein sollte, etwas Wasser oder Sahne dazugeben.
♦ Damit sich keine Haut bildet, die Oberfläche direkt mit Frischhaltefolie abdecken.

——————————— VARIATION ———————————

Mandel-Skordalia: 1 EL frisches Paniermehl, 1 EL gemahlene Mandeln, 1 EL gehackte Petersilie und eine Prise Cayennepfeffer in jede Schale mit Aïoli geben und mit Zitronen- oder Limettensaft abschmecken. Diese Soße wird traditionell zu kaltem, gekochtem Gemüse serviert.
Aïoli Verde: In jede Schale mit Aïoli eine Handvoll Petersilie, 2 oder 3 Zweige frischen Estragon, 2 oder 3 Zweige frischen Kerbel und eine halbe Handvoll Spinat geben. Diese Mischung wird vorher in Salzwasser weich gekocht, abgegossen, durchgeseiht oder zu einer glatten Paste püriert.

Rechte Seite: Aïoli

SALSA VERDE

ZUTATEN

3 Knoblauchzehen, fein gehackt

100 g Petersilie, fein gehackt

1 EL Brunnenkresseblätter, fein gehackt (wenn gewünscht)

1 EL gemischte frische Kräuter, fein gehackt (Basilikum, Majoran und etwas Thymian, Salbei, Kerbel und Dill)

grobes Salz

4 EL Olivenöl

Saft von 1–2 Zitronen

1–2 TL Zucker

schwarzer Pfeffer

ZUBEREITUNG

Grün und pikant, paßt diese Soße aus frischen Kräutern ausgezeichnet zu jeder Art von Fisch und schmeckt gut zu hartgekochten Eiern. Warum nicht einmal zu einem Garnelen-Cocktail probieren, denn auch zu Garnelen und Krabben ist sie exzellent!

♦ In einem Mixer oder einem Mörser Knoblauch, Petersilie, Brunnenkresse, gemischte Kräuter und etwas grobes Salz zu einer glatten Paste verarbeiten.

♦ Öl löffelweise dazugeben und gut vermischen. Zitronensaft hineingeben, dann mit Zucker, Salz und Pfeffer abschmecken.

MARINARASOSSE

ZUTATEN

AUSREICHEND FÜR ETWA 450 G
NUDELN

*2 mittelgroße Zwiebeln, in dünnen
Ringen*

2 Knoblauchzehen, zerdrückt

2 EL Olivenöl

400 g Tomaten aus der Dose

1 EL Tomatenmark

1 TL Zucker

1 TL Oregano, getrocknet

1 TL Paprikapulver

Salz und Pfeffer

ZUBEREITUNG

♦ Knoblauch und Zwiebeln in dem Öl anbräunen. Hitze hinunter-
schalten, 15–20 Min. garen, bis sie weich sind.
♦ Tomaten, Tomatenmark, Zucker, Oregano und Paprika dazugeben.
Etwa 10 Min. sprudelnd kochen, bis die Tomaten zusammenfallen.
♦ Mit Salz und Pfeffer abschmecken und servieren.
♦ Traditionell wird diese Soße ohne Käse gereicht. Soll es dennoch
Käse dazu geben, eignen sich kräftige, feste Sorten wie Parmesan
oder Pecorino am besten.

––––––––––––––– VARIATION –––––––––––––––

50 g schwarze Oliven ohne Stein und 2 EL abgetropfte, fein gehackte Sardellenfilets in die fertige Soße rühren und vor dem Servieren
noch einmal einige Minuten erhitzen.

GRUNDREZEPT FÜR KNOBLAUCHDRESSING

ZUTATEN
1–2 Knoblauchzehen, zerdrückt
1 TL Zucker
2 EL Wein- oder Knoblauchessig (s. S. 112)
6 EL Olivenöl
Salz und Pfeffer

ZUBEREITUNG

♦ Alle Zutaten in einem Glas mit Schraubverschluß gut schütteln. Vor dem Servieren nachwürzen.

— VARIATION —

Je nachdem, wozu das Dressing gereicht wird, nach Geschmack frische oder getrocknete Kräuter dazugeben.

Essigsorten mit unterschiedlichem Aroma verwenden.

Olivenöl ganz oder teilweise durch Walnußöl ersetzen.

Öl durch saure Sahne oder Joghurt ersetzen, anstelle von Essig Zitronensaft nehmen. Die Sahne-Variante schmeckt ausgezeichnet mit 1 EL frisch geriebenem Meerrettich.

1 TL milden französischen Senf dazugeben. Dieses Dressing ist besonders lecker zu warm servierten grünen Bohnen.

KONZENTRIERTE TOMATENSOSSE

ZUTATEN
2 mittelgroße Zwiebeln, fein gehackt
2–3 Knoblauchzehen, zerdrückt
2 EL Olivenöl
3 EL Tomatenmark
3 EL Wein oder Wasser
1 TL Oregano, getrocknet
1 TL Paprikapulver
1 TL Zucker
Salz und Pfeffer

ZUBEREITUNG

Diese kräftige Soße kann so, wie sie ist, zu Nudeln serviert werden oder mit Hackfleisch und etwas mehr Flüssigkeit. Hähnchenteile oder Fischfilets schmecken einfach köstlich, wenn sie vor dem Überbacken damit übergossen werden. Auch auf selbstgemachter Pizza ist die Soße lecker. Ebenso eignet sie sich zum Würzen von Suppen und Eintöpfen, oder man reicht sie zu Aufschnitt, Frikadellen und Würstchen.

♦ Zwiebeln und Knoblauch in dem Öl anbräunen. Hitze hinunterschalten und zugedeckt 10–15 Min. köcheln lassen, bis das Gemüse weich ist.

♦ Tomatenmark, Wein oder Wasser, Oregano, Paprika und Zucker dazugeben und mit Salz und Pfeffer abschmecken.

♦ Soße unter ständigem Rühren 5 Min. sprudelnd kochen lassen, sofort servieren.

FRISCHE TOMATENSOSSE

ZUTATEN
650 g reife Tomaten
2 EL Olivenöl
3 Knoblauchzehen, zerdrückt
1 EL frisches Basilikum oder Petersilie, gehackt
1/2 TL Zucker
Salz und frisch gemahlener schwarzer Pfeffer

ZUBEREITUNG

♦ Tomaten einige Sekunden in kochendem Wasser blanchieren, um die Haut zu lösen. Unter kaltem Wasser abschrecken und abziehen.

♦ Tomaten waagerecht halbieren und Kerne und Saft vorsichtig ausdrücken. Grob hacken.

♦ Öl erhitzen und Knoblauch, Tomaten, Basilikum oder Petersilie und Zucker hineingeben.

♦ Bei starker Hitze 2–3 Min. rühren, bis die Tomaten heiß sind.

♦ Mit Salz und Pfeffer abschmecken und sofort servieren.

KNOBLAUCHBUTTER

ZUTATEN
100 g Butter, weich
3–6 Knoblauchzehen, ungeschält
Salz und Pfeffer

ZUBEREITUNG

Knoblauchbutter schmeckt einfach großartig auf Steaks, Frikadellen, gegrilltem Fisch oder Hähnchen und paßt gut zu Knoblauchbrot (s. S. 104). Sie eignet sich auch zur Verfeinerung von Suppen, Eintöpfen und Soßen und ist als Brotaufstrich eine willkommene Abwechslung zu der üblichen Butter.

◆ Butter cremig rühren, bis sie leicht und locker ist.
◆ Knoblauch in kochendem Wasser 1 Min. blanchieren, abtropfen lassen und abziehen.
◆ Knoblauch mit einer Prise Salz zu einer feinen Paste zerdrücken und nach und nach unter die Butter rühren.
◆ Mit Salz und Pfeffer abschmecken, in Alufolie einwickeln und bis zum Verbrauch im Kühlschrank lagern.

———————————— VARIATION ————————————

Knoblauchbutter mit Petersilie: 1$\frac{1}{2}$ EL frische, gehackte Petersilie dazugeben.
Knoblauchbutter mit Kräutern: 1$\frac{1}{2}$ EL frische, gehackte Kräutermischung dazugeben.
Knoblauchbutter mit Senf: 1 EL milden, französischen Senf dazugeben.
Knoblauchbutter mit Meerrettich: 1 EL frischen, geriebenen Meerrettich dazugeben.
Knoblauchbutter mit Chilipulver: Chilipulver nach Geschmack und 2 TL Tomatenmark dazugeben.
Knoblauchbutter mit Tomaten: 1 EL Tomatenmark dazugeben.

KLARE KNOBLAUCHBUTTER

ZUTATEN
3–6 Knoblauchzehen, ungeschält
100 g Butter
Salz und Pfeffer

ZUBEREITUNG

Die Butter eignet sich gut zum Braten, vor allem von Kartoffeln, zum Bestreichen von Teig vor dem Backen oder von Brötchen vor dem Aufbacken. Besonders gut schmeckt sie zu Gemüse wie Spargel und Artischocken, auch wenn das wie eine Sünde gegen das feine Gemüse zu klingen scheint.

◆ Knoblauch in kochendem Wasser 1 Min. blanchieren, abtropfen lassen und schälen.
◆ Knoblauch in Scheiben schneiden und mit etwas Salz und Pfeffer 5 Min. vorsichtig in der Butter erhitzen.
◆ Butter abschöpfen und durch ein Stück Musselin oder ein sehr feinmaschiges Sieb streichen. Bis zum Verbrauch zugedeckt im Kühlschrank lagern.

FISCH & MEERESFRÜCHTE

Rechte Seite: Lachs in Scheiben (s. S. 64)

LACHS MIT KNOBLAUCH

ZUTATEN
FÜR 6–8 PERSONEN
1 kg Lachs, Mittelstück
4 Knoblauchzehen, zerdrückt
50 g Salz
50 g Zucker
1 Handvoll frischer Dill, gehackt

ZUBEREITUNG

◆ Lachs halbieren, Gräten entfernen, Haut nicht abziehen.
◆ Restliche Zutaten mischen.
◆ Eine Lachshälfte mit der Haut nach unten auf einen großen, flachen Servierteller legen und mit der Hälfte der Mischung bestreichen. Mit der anderen Lachshälfte bedecken und die restliche Mischung daraufgeben.
◆ Mit einem Teller beschweren und mindestens 24 Std. an einem kühlen Platz stehen lassen. Mischung abkratzen und Lachs in dünnen Scheiben servieren.

SERVIERVORSCHLAG

Ein Dressing aus saurer Sahne, Senf, Meerrettich und etwas frischem Dill schmeckt ausgezeichnet zu diesem Gericht.

VARIATION

Gräten entfernen, Lachs jedoch nicht halbieren. In Scheiben schneiden und mit der Marinade bestreichen – s. Foto S. 63.

LASAGNE MIT GERÄUCHERTEM SCHELLFISCH

ZUTATEN
FÜR 6–8 PERSONEN
12 Knoblauchzehen, ungeschält
650 g geräucherte Schellfischfilets
250 ml Milch
1 Prise Safranfäden (wenn gewünscht)
$^1/_2$ Lorbeerblatt
1 mittelgroße Zwiebel, in dünnen Ringen
50 g Butter
25 g Mehl
1 EL Parmesankäse
3 hartgekochte Eier
Salz und Pfeffer
350 g grüne Lasagne
etwas Öl
350 g reife Tomaten, abgezogen, in dünnen Scheiben
1 TL frisches Basilikum, gehackt
175 g Mozzarella, in dünnen Scheiben
Temperatur 220 °C

ZUBEREITUNG

◆ Ungeschälte Knoblauchzehen in kochendes Wasser geben und 20–25 Min. köcheln lassen, bis sie weich sind. Abgießen, schälen und zerdrücken.
◆ Fisch in der Milch mit Safran und Lorbeerblatt etwa 10 Min. pochieren, bis das Fleisch fest ist und sich leicht auflockern läßt.
◆ Vorsichtig aus der Milch heben, wenn nötig enthäuten, mit einer Gabel in mundgerechte Happen zerteilen.
◆ Zwiebel in der Butter glasig, aber nicht braun werden lassen. Mehl unterrühren und noch einige Minuten erhitzen.
◆ Milch – ohne Lorbeerblatt und irgendwelche Fischreste – nach und nach dazugießen und die Soße 5 Min. köcheln lassen.
◆ Vom Herd nehmen und Parmesankäse, zerdrückten Knoblauch, Fischstücke und die Eier (geachtelt) unterrühren. Gut mit Salz und Pfeffer würzen, bis zum Gebrauch zugedeckt und kühl lagern.
◆ Lasagne portionsweise in reichlich gesalzenem Wasser garen; ein paar Tropfen Öl im Wasser verhindern das Zusammenkleben. Nach 10–20 Min. sollten sie al dente sein.
◆ Lasagne aus dem Wasser nehmen, mit kaltem Wasser abspülen und auf ein feuchtes Geschirrtuch legen.
◆ Wenn alle Lasagne-Portionen gekocht sind, einige davon auf den Boden und an die Seiten eines kleinen, tiefen Bratentopfs oder einer großen Auflaufform legen und die Hälfte der Fischmischung darauf verteilen.
◆ Mit der Hälfte der Tomaten belegen und mit der Hälfte Basilikum bestreuen. Eine weitere Schicht Nudeln, Fisch, Tomaten und Basilikum arrangieren, mit einer Schicht Lasagne enden.
◆ Mozzarellascheiben darauf verteilen und etwa 30 Min. überbacken, bis die Oberfläche knusprig und braun ist.

KNOBLAUCH-MAKRELE MIT KRÄFTIGER STACHELBEERSOSSE

ZUTATEN

FÜR 4 PERSONEN

2 große, frische Makrelen

2 kleine Zitronen, unbehandelt

3 Knoblauchzehen, geschält

2 EL Öl

Salz und Pfeffer

350 g grüne Stachelbeeren

etwas Zucker, wenn gewünscht

ZUBEREITUNG

♦ Makrelen waschen und ausnehmen, jeden Fisch auf beiden Seiten drei- oder viermal diagonal einschneiden.

♦ Eine Zitrone und eine Knoblauchzehe in vier Scheiben schneiden und jeweils zwei davon in beide Fische legen.

♦ Die zweite Zitrone auspressen, restlichen Knoblauch zerdrücken, mit Öl, etwas Salz und reichlich schwarzem Pfeffer mischen und über die Fische gießen.

♦ Fische an einem kühlen Platz 2–4 Std. in der Marinade lassen.

♦ Für die Soße Blüten und Stengelansätze von den Stachelbeeren entfernen, zugedeckt bei niedriger Hitze in wenig Wasser weich kochen. Mit Zucker abschmecken und durch ein Sieb passieren.

♦ Fische aus der Marinade nehmen und bei mittlerer Hitze 20–25 Min. grillen. Dabei einmal umdrehen und von Zeit zu Zeit mit der Marinade bestreichen.

— SERVIERVORSCHLAG —

Dazu die warme Soße und süße Kartoffeln reichen.

SEEMANNSSTRUDEL

ZUTATEN

FÜR 6 PERSONEN

450 g Kabeljau- oder Dorschfilets
350 g junge Möhren, in 1 cm dicken Scheiben
25 g Butter
1 EL Petersilie, gehackt
50 g Sultaninen (weiße Rosinen)
1 rote oder gelbe Paprikaschote, entkernt, in dünnen Streifen (wenn gewünscht)
1–2 Knoblauchzehen, zerdrückt
1 EL Zitronensaft
1 TL Garam Masala
$\frac{1}{2}$ TL Zucker
1 TL Kurkuma
Salz und Pfeffer
200 g Mehl
$\frac{1}{4}$ TL Salz
1 kleines Ei
150 ml lauwarmes Wasser
1 EL Öl
100 ml klare Knoblauchbutter (s. S. 61), erwärmt
3 EL feines Paniermehl

Temperatur
190 °C

ZUBEREITUNG

Sie können für dieses Rezept Fertigteig für Strudel verwenden, aber die eigene Herstellung macht viel mehr Spaß.

♦ Für die Füllung den Fisch mit etwas Wasser zugedeckt etwa 10 Min. garen, bis das Fleisch fest ist und sich leicht auflockern läßt. Abgießen und mit einer Gabel in mundgerechte Stücke zerteilen.

♦ Möhren in reichlich leicht gesalzenem Wasser 7–10 Min. weichgaren. Abgießen, in Butter und Petersilie schwenken, abkühlen lassen.

♦ Sultaninen etwa 1 Std. in heißem Wasser einweichen, bis sie aufgequollen sind, abgießen und mit Fisch, Möhren, Paprika (für den knackigen Biß), Knoblauch, Zitronensaft, Garam Masala, Zucker und Kurkuma verrühren und mit Salz und Pfeffer abschmecken. Bis zum Verbrauch zugedeckt in den Kühlschrank stellen.

♦ Für den Strudelteig Mehl und Salz durchsieben. Ei, die Hälfte Öl und den größten Teil des Wassers kräftig verrühren. Mit dem Mehl zu einem weichen Teig verarbeiten; wenn nötig, etwas mehr Wasser dazugeben.

♦ Den Teig auf einer gut mit Mehl bestäubten Arbeitsfläche mit den Fingerspitzen mindestens 10 Min. durchkneten, bis er elastisch ist.

♦ Den durchgekneteten Teig in eine bemehlte Schüssel legen, mit einem Tuch bedecken und an einem warmen Platz 15 Min. stehen lassen.

♦ Den Teig auf einer gut mit Mehl bestäubten Arbeitsfläche so dünn wie möglich ausrollen und vorsichtig auf ein großes, mit Mehl bestäubtes Tuch heben. Mit dem restlichen Öl bestreichen und 15 Min. ruhenlassen. Von den Rändern her den Teig hauchdünn auseinanderziehen.

♦ Die dicken Ränder abschneiden, den Teig mit zwei Drittel der klaren Knoblauchbutter bestreichen.

♦ Mit dem Paniermehl bestreuen. Füllung auf eine Seite des Teigs geben, auf beiden Seiten einige Zentimeter frei lassen. Den Teig überklappen und zum Strudel rollen.

♦ Vorsichtig auf ein gut gefettetes Backblech legen, wenn aus Platzgründen nötig, zu einem Hufeisen formen. Gründlich mit der restlichen klaren Knoblauchbutter bestreichen.

♦ Etwa 30 Min. backen, in dicke Scheiben schneiden und servieren.

FISCHKLÖSSCHEN MIT ROSA FENCHELSOSSE

ZUTATEN
FÜR 4–6 PERSONEN
650 g weiße Fischfilets
2 Knoblauchzehen, fein zerdrückt
250 ml Wasser
½ TL Salz
100 g Butter
100 g Mehl, durchgesiebt
2 Eier und 2 Eiweiß
Salz und Pfeffer
2 EL Sahne, gut gekühlt
Fischbrühe oder Wasser
200 g Fenchelknolle
1 EL Zwiebeln, fein gehackt
2 EL Weißwein
200 g Tomaten, abgezogen, entkernt, klein gehackt
½ TL Zucker
350 g grüne Tagliatelle oder Fettucine
1½ TL Fenchelsamen

ZUBEREITUNG

Die Zubereitung ist vielleicht ein wenig kompliziert, aber das Ergebnis ist jede Mühe wert.

◆ Fisch und Knoblauch zu einem glatten Püree verarbeiten und in den Kühlschrank stellen.

◆ Wasser, Salz und die Hälfte der Butter aufkochen. Wenn die Butter zerlassen ist, vom Herd nehmen und das Mehl dazugeben.

◆ Bei mittlerer Hitze kräftig durchrühren, bis die Mischung sich von den Seiten des Topfes löst und eine Masse bildet.

◆ Vom Herd nehmen und Eier und Eiweiß einzeln unterrühren. In eine große Schüssel füllen und das Fisch-Knoblauch-Püree dazugeben. Sahne hineinrühren und mit Salz und Pfeffer abschmecken.

◆ Mit Hilfe von zwei Dessertlöffeln 16 Klößchen formen. Dazu einen Löffel mit der Mischung füllen, mit dem anderen die Oberfläche glätten.

◆ In einer tiefen Bratpfanne mit sanft köchelnder Fischbrühe oder Wasser die Klößchen 15–20 Min. pochieren. Herausnehmen, mit eingefetteter Alufolie bedecken und warm stellen.

◆ Für die Soße den Fenchel fein hacken und mit Zwiebel, Wein und der Hälfte der restlichen Butter anschwitzen lassen, bis er weich ist.

◆ Tomaten und Zucker einrühren und zu einem glatten Püree verarbeiten. Mit Salz und Pfeffer abschmecken und warm stellen.

◆ Die Nudeln in leicht gesalzenem kochendem Wasser *al dente* garen, abgießen, in der restlichen Butter und den Fenchelsamen schwenken und in eine vorgewärmte Servierschüssel füllen.

◆ Die warmen Klößchen auf den Nudeln arrangieren, die Soße darübergießen und servieren.

— VARIATION —

Die Klößchenmischung kann auch als Fischmousse serviert werden. In gut mit Butter eingefettete einzelne Soufflé- oder Auflaufförmchen geben, in einen Bratentopf stellen, der halb mit kochendem Wasser gefüllt ist, bei 180 °C garen, bis die Mischung aufgegangen ist und sich vom Rand der Förmchen gelöst hat.

GEGRILLTER HUMMER À LA JAMAIKA

ZUTATEN

FÜR 4 PERSONEN

2 gekochte Hummer (am besten, wenn sie für ihre Größe schwer sind), jeder etwa 650 g schwer

etwas Öl

70 g Butter

2 Knoblauchzehen, fein zerdrückt

2 TL frische gemischte Kräuter oder 1 TL getrocknete gemischte Kräuter

2 Prisen Cayennepfeffer

2 EL Frühlingszwiebeln oder Lauch (nur der grüne Teil), fein gehackt

2 EL Petersilie, gehackt

3 EL frische Brotkrumen

Salz und Pfeffer

ZUBEREITUNG

♦ Hummer halbieren, Kopf und kleine Scheren dran lassen. Fleisch aus Kopf und Schwanz herauslösen, Innereien, Magen und Kiemen wegwerfen. Scheren vorsichtig öffnen und Fleisch herausnehmen.

♦ Fleisch in mundgerechte Stücke schneiden; Schalen außen mit Öl bestreichen, damit sie glänzen.

♦ Kurz vor dem Servieren 50 g Butter mit dem Knoblauch bei niedriger Hitze zerlassen und Hummerfleisch, gemischte Kräuter, Cayennepfeffer, Frühlingszwiebeln oder Lauch und etwas Salz und Pfeffer dazugeben.

♦ Das Fleisch vorsichtig 2–3 Min. erhitzen, dabei den Topf hin und wieder schwenken. Wieder in die Schalen füllen und mit Petersilie und Brotkrumen bestreuen.

♦ Restliche Butter in Flocken daraufsetzen und unter dem heißen, vorgeheizten Grill 5–7 Min. garen, bis der Belag knusprig und goldbraun ist.

KNOBLAUCH-GARNELEN MIT HONIG

ZUTATEN

FÜR 4 PERSONEN

650 große, rohe Garnelen

3 Knoblauchzehen, zerdrückt

Saft von 2 Zitronen

2 TL Zucker

1 EL Sojasoße

2 EL Olivenöl

schwarzer Pfeffer, frisch gemahlen

100 g Mehl

2 Prisen Salz

1 Ei

150 ml Milch und Wasser

2 EL Honig

2¹/₂ cm Ingwerwurzel, gerieben

2 TL Speisestärke

1 EL Sesamkörner

ZUBEREITUNG

♦ Garnelen schälen und am Rücken tief einschneiden, um den Darm zu entfernen.

♦ Knoblauch, Zitronensaft, Zucker, Sojasoße, die Hälfte des Öls und reichlich schwarzen Pfeffer vermischen. Über die Garnelen gießen und 2–4 Std. an einem kühlen Ort in der Marinade ziehen lassen.

♦ Für den Teig Mehl und Salz zusammen durchsieben. Ei und restliches Öl, zuletzt die Milch-Wasser-Mischung nach und nach dazugeben. Der Teig soll auf der Rückseite eines Löffels liegen bleiben. In den Kühlschrank stellen.

♦ Garnelen abgießen, Marinade aufbewahren. Garnelen einzeln in den Teig tauchen und 1¹/₂ Min. in sehr heißem Fett frittieren, bis sie knusprig und goldbraun sind.

♦ Garnelen auf Küchenpapier abtropfen lassen und in einer Servierschüssel warm halten.

♦ Restliche Marinade mit Honig, gemahlenem Ingwer und Speisestärke erhitzen. Ständig umrühren, bis die Soße andickt. Unter ständigem Rühren noch einige Minuten köcheln lassen.

♦ Soße über die Garnelen gießen; die Garnelen vorsichtig darin drehen, bis sie rundherum von Soße bedeckt sind. Mit Sesamkörnern bestreuen und sofort servieren.

FLEISCH & GEFLÜGEL

Rechte Seite: Saltimbocca (s. S. 74)

SALTIMBOCCA

ZUTATEN
FÜR 4 PERSONEN
8 dünne Scheiben Kalbfleisch, etwa 7,5 x 10 cm
8 dünne Scheiben gekochter Schinken oder Prosciutto, etwa 7,5 x 10 cm
8 dünne Scheiben Mozzarella
Salbei, frisch oder getrocknet
2 EL Olivenöl
2 Knoblauchzehen, zerdrückt
Saft von 1 großen Zitrone
Salz und Pfeffer
50 g Butter
100 ml Weißwein
1 EL Frühlingszwiebeln oder Lauch (nur der grüne Teil), fein gehackt
ZUM SERVIEREN
1 EL Petersilie, gehackt
Petersilienstengel
Zitronenschnitze

ZUBEREITUNG

◆ Jede Scheibe Fleisch mit 1 Scheibe Schinken, 1 Scheibe Käse und entweder mit $\frac{1}{4}$ frischem Salbeiblatt, gut zerstoßen, oder einer winzigen Prise getrocknetem Salbei belegen. Aufrollen und mit einem Holzstäbchen sichern.

◆ Olivenöl, Knoblauch und die Hälfte des Zitronensafts mischen und mit Salz und Pfeffer und ein wenig frischem oder getrocknetem Salbei würzen.

◆ Über die Kalbsrouladen gießen und 2–4 Stunden an einem kühlen Platz in der Marinade lassen.

◆ Für die Zubereitung Butter in einer großen Bratpfanne erhitzen und die Rouladen etwa 10 Min. vorsichtig sautieren; dabei gelegentlich wenden.

◆ Hitze höher stellen und Wein, gehackte Frühlingszwiebeln oder Lauch und den restlichen Zitronensaft dazugeben.

◆ Soße erhitzen, bis sie Blasen wirft, dann 5 Min. eindicken lassen. Noch einmal abschmecken.

— SERVIERVORSCHLAG —

Mit Petersilie bestreuen, mit Petersilienstengeln und Zitronenschnitzen garnieren und sofort servieren.

BEEF NAPOLEON

ZUTATEN
FÜR 6 PERSONEN
2 Knoblauchzwiebeln
3 EL Olivenöl
4 EL kräftiger Rotwein
2 EL Frühlingszwiebeln oder Lauch (nur der grüne Teil), fein gehackt
2½ TL frischer Thymian oder ½ TL getrockneter Thymian
3 TL französischer Senf
Salz und Pfeffer
1 Rinderfilet, etwa 1 kg schwer
2 EL Petersilie, gehackt
450 g Blätterteig
Temperatur 230 °C

ZUBEREITUNG

Die übliche Bezeichnung für dieses Gericht, Beef Wellington, scheint vor allem aus britischer Sicht nicht angemessen, schließlich ist der Feldmarschall Wellington ein Mann, den man im englischsprachigen Raum in erster Linie dank seines Beitrags zur Fußbekleidung kennt: Wellington boots – Gummistiefel. Daher hier eine angemessene historische Alternative.

◆ Für die Marinade 3 Knoblauchzehen abziehen und zerdrücken und mit 2 EL Öl, dem Wein, den Frühlingszwiebeln oder dem Lauch, 1 TL Senf, Thymian und reichlich Salz und Pfeffer mischen.

◆ Filet in einen großen Plastikbeutel legen und mit der Marinade übergießen. Beutel fest verschließen, auf einen Teller legen, falls er leckt, 6–8 Std. an einem kühlen Platz marinieren.

◆ Restliches Öl in einer großen Pfanne stark erhitzen.

◆ Fleisch aus der Marinade nehmen und schnell von allen Seiten anbraten, damit der Saft nicht austritt. Das sollte nicht länger als 2 Min. dauern.

◆ Fleisch abkühlen lassen und wieder in die Marinade legen. 1 Std. einfrieren; oder länger, wenn das Filet richtig rot bleiben soll.

◆ Die restlichen ungeschälten Knoblauchzehen 20–25 Min. köcheln lassen, bis sie weich sind. Abgießen, abziehen und mit einer Gabel zu einer klebrigen Paste verarbeiten.

BEEF NAPOLEON

♦ Restlichen Senf und Petersilie unterrühren, mit Salz und Pfeffer abschmecken.

♦ Fleisch aus dem Gefrierfach nehmen und zum Auftauen in der Marinade liegen lassen. Teig 0,5 cm dick ausrollen, groß genug, daß sich das Filet darin gut einwickeln läßt.

♦ Fleisch abtropfen lassen, 1 EL der Marinade zu der Knoblauch-Petersilien-Mischung geben.

♦ Fleisch in die Mitte auf den Teig legen und die Knoblauch-Petersilien-Mischung darauf verstreichen.

♦ Teigränder mit etwas Wasser anfeuchten, über dem Fleisch zusammenklappen und fest zusammendrücken. An den Enden verschließen.

♦ Das Fleisch im Teigmantel mit der verschlossenen Seite nach unten auf ein gut gefettetes Backblech legen, Oberfläche mit etwas Milch oder Eigelb bestreichen und 15–20 Min. backen, bis der Teig gar ist. Wenn dann der Teig zwar gar, das Filet aber noch zu rot ist, Hitze auf 190 °C schalten, weitere 7–10 Min. backen und noch einmal überprüfen. Sofort servieren.

VARIATION

Für *Beef Garibaldi* das Fleisch statt mit Knoblauch-Petersilien-Paste mit 50 g Pesto (s. S. 54) bestreichen.

COTTABULLA

ZUTATEN

FÜR 8 PERSONEN

200 g altbackenes Weißbrot, ohne Rinden
1 kg Rinderhack
2 mittelgroße Zwiebeln, fein gehackt
2 Eier
1 TL Koriander, gemahlen
1 TL Oregano, getrocknet
1 EL Paprikapulver
3 Knoblauchzehen, zerdrückt
1 Prise Cayennepfeffer
1 TL Zucker
Salz und frisch gemahlener schwarzer Pfeffer
Temperatur 190 °C

ZUBEREITUNG

Die Ursprünge dieses alten Familienrezepts verlieren sich irgendwo im Nebel Westindiens. Aber was Cottabulla selbst angeht, ist alles klar: Es ist eine leckere Kreuzung aus kaltem Hackbraten und pâté campagne.

♦ Brot in Wasser einweichen, ausdrücken und zerkrümeln. Alle Zutaten gründlich mischen, mit reichlich Salz und Pfeffer würzen.
♦ In eine große Auflaufform legen, dabei in der Mitte einen kleinen Hohlraum lassen. Mit Alufolie bedecken und 40–50 Min. backen, bis die Mischung durchgegart, aber in der Mitte noch ein wenig rosa ist.
♦ Solange das Gericht noch heiß ist, einen Teller, der etwas kleiner als die Backform ist, darauflegen und mit einigen Konservendosen beschweren. Stehen lassen, bis das Gericht abgekühlt und fest ist, Gewichte entfernen und bis zum Verzehr in den Kühlschrank stellen.

—— SERVIERVORSCHLAG ——

In Tortenstücke schneiden und in der Backform servieren.

—— VARIATION ——

Das Gericht kann auch heiß serviert werden (s. Foto), dann braucht es nicht beschwert zu werden.
   In Scheiben geschnitten, in gewürztem Mehl gewälzt und gebraten oder gegrillt, ergibt diese Mischung sensationell gute Frikadellen!

BEEF COBBLER

ZUTATEN

FÜR 6–8 PERSONEN

1 kg Rinderschmorbraten

50 g mit Salz und Pfeffer
gewürztes Mehl

4 EL Öl

450 g Zwiebeln, in 2,5 cm große
Stücke geschnitten

4–5 Knoblauchzehen, zerdrückt

350 g große Möhren, in 1 cm dicke
Scheiben geschnitten

2 TL gemischte Kräuter, getrocknet

1 TL Zucker

1 EL Paprikapulver

1 EL Tomatenmark

250 ml Rotwein

250 ml Brühe oder Wasser

Salz und Pfeffer

200 g Mehl

2¹/₂ TL Backpulver

50 g Butter oder Backfett

150 ml kalte Milch und Wasser

Temperatur
200 °C und 160 °C

ZUBEREITUNG

♦ Fett und Sehnen entfernen und Fleisch in 3 cm große Stücke schneiden. Im gewürzten Mehl wälzen und schnell in dem Öl rundherum anbräunen. Fleisch in einen großen Schmortopf geben mit dem restlichen gewürzten Mehl bestreuen.

♦ Knoblauch und Zwiebeln rösten, bis sie anfangen, braun zu werden. Mit Möhren, Kräutern, Zucker, Paprika, Tomatenmark, Wein, Brühe oder Wasser mit reichlich Salz und Pfeffer zu dem Fleisch in den Topf geben.

♦ Vorsichtig umrühren und den Topf ohne Deckel 20 Min. in den heißen Backofen stellen; nach 10 Min. umrühren.

♦ Topf mit Alufolie bedecken, den Deckel darauflegen und bei der niedrigeren Temperatur 2 Std. garen. Dabei gelegentlich umrühren. Wenn die Mischung trocken aussieht, Brühe oder Wasser dazugeben.

♦ Für den Teigdeckel Mehl und Backpulver durchsieben, Butter oder Backfett dazugeben und zu einer feinkrümeligen Masse verarbeiten.

♦ Reichlich Salz und Pfeffer dazugeben und mit ausreichend Milch und Wasser zu einem glatten Teig verrühren.

♦ Auf einer mit Mehl bestäubten Arbeitsfläche 1 cm dick ausrollen und Kreise von 3,5–5 cm Durchmesser ausstechen.

♦ Fleisch abschmecken und, wenn nötig, etwas mehr Brühe oder Wasser dazugeben.

♦ Die Teigkreise auf dem unbedeckten Fleisch arrangieren und im offenen Topf bei der höheren Temperatur 20–30 Min. backen, bis der Teig locker und gut gebräunt ist.

PASTA AL PASTORE

ZUTATEN
FÜR 6 PERSONEN
650 g Kartoffeln
2 mittelgroße Zwiebeln, fein gehackt
2 Knoblauchzehen, zerdrückt
3 EL Olivenöl
2 EL Tomatenmark
150 ml Rotwein
1 TL Oregano oder 2 TL frischer Majoran, fein gehackt
1 TL Basilikum, getrocknet, oder 2 TL frisches Basilikum, fein gehackt
2 TL Paprikapulver
1 TL Zucker
Salz und Pfeffer
650 g Rinderhack
50 g Butter
2 EL Sahne
I TL Parmesankäse oder 2 El Cheddarkäse, gerieben
Temperatur 200 °C

ZUBEREITUNG

♦ Kartoffeln schälen und in 2,5 cm große Stücke schneiden. In reichlich Salzwasser etwa 15 Min. garen.

♦ In der Zwischenzeit Zwiebeln und Knoblauch bei niedriger Hitze in Olivenöl weich werden lassen. Hitze höher stellen und Tomatenmark, Wein, Kräuter, Paprika und Zucker dazugeben und mit Salz und Pfeffer würzen.

♦ Hackfleisch dazugeben und bei mittlerer Hitze etwa 10 Min. garen, bis das Fleisch nicht mehr rosa ist. Gelegentlich umrühren.

♦ Kartoffeln abgießen, mit reichlich Salz und Pfeffer würzen und pürieren. Dabei erst die Butter, dann die Sahne dazugeben.

♦ Das warme Hackfleisch in einer Auflaufform verteilen und mit dem Kartoffelpüree bedecken.

♦ Mit Käse bestreuen und, je nach Dicke der Schichten, 20–30 Min. überbacken.

♦ Oberfläche unter dem Grill bräunen.

LAMMRIPPCHEN IN KNOBLAUCHKRUSTE

ZUTATEN

FÜR 4–6 PERSONEN

2 x Lammrippchen mit je 6–8
Koteletts

3 Knoblauchzehen, abgezogen

1 Zweig Rosmarin

1 EL Öl

3 EL frisches Paniermehl

2 EL rotes Johannisbeer- oder
Guavengelee, erwärmt

1 EL Petersilie, gehackt

$\frac{1}{2}$ TL französischer Senf

Salz und Pfeffer

Temperatur
230 °C

ZUBEREITUNG

♦ Rippchen mit den Knochen nach oben hinlegen und am fleischigen Ende zwischen den Koteletts einen kleinen Einschnitt setzen.

♦ 1 Knoblauchzehe in Scheiben schneiden und in jeden Einschnitt 1 Scheibe Knoblauch und 1 Rosmarinblatt stecken.

♦ Rippchen mit der Fettseite nach oben in einen Bratentopf legen und das Fett mehrfach diagonal flach einschneiden.

♦ Restliche Knoblauchzehen zerdrücken und mit Paniermehl, erwärmtem Gelee, Petersilie und Senf mischen und großzügig mit Salz und Pfeffer würzen.

♦ Mischung auf den Rippchen verstreichen und 1–2 Std. stehen lassen. 25–35 Min. schmoren, bis sie knusprig braun, aber in der Mitte noch rosa sind.

SHEPHERD'S BUSH CASSOULET

ZUTATEN

FÜR 6–8 PERSONEN

750 g weiße Gartenbohnen

200 g roher, ungesalzener
Frühstücksspeck

200 g Toulouser oder Polnische
Wurst, in 2,5 cm großen Stücken

1 kg Lammschulter oder -brust,
ohne Knochen, in etwa 3,5 cm
großen Stücken

mit Salz und Pfeffer gewürztes Mehl

3 EL Olivenöl

2 mittelgroße Zwiebeln, in Ringen

4 Knoblauchzehen, zerdrückt

2 EL Tomatenmark

1 TL Zucker

$^1/_2$ TL Thymian, getrocknet

1 Lorbeerblatt

$^1/_2$ TL Oregano, getrocknet

250 ml Rotwein

Salz und Pfeffer

550 ml Brühe oder Wasser

Temperatur
200 °C und 160 °C

ZUBEREITUNG

Diese Version des berühmten französischen Ragouts – auf dessen genaues Rezept sich übrigens nicht einmal zwei Franzosen einigen können – entwickelte sich so nach und nach, als ich in der Nähe von Shepherd's Bush Market in London lebte.

◆ Die Bohnen waschen und über Nacht in kaltem Wasser einweichen.

◆ Bohnen in frischem Wasser mit dem Frühstücksspeck und Lorbeerblatt zugedeckt 1 Std. köcheln lassen. Abgießen, Lorbeerblatt wegwerfen und Speck in 2,5 cm große Stücke schneiden. Speck, Bohnen und Wurst in einen großen Schmortopf geben.

◆ Fleisch in gewürztem Mehl wälzen und in Öl anbräunen. In den Schmortopf geben.

◆ Knoblauch und Zwiebeln in dem restlichen Öl anbräunen. Tomatenmark, Zucker, Kräuter, Wein und reichlich Salz und Pfeffer dazugeben. Einige Minuten köcheln lassen, dann mit Brühe oder Wasser in den Schmortopf gießen.

◆ Schmortopf ohne Deckel 20 Min. in den heißen Backofen stellen; gelegentlich vorsichtig umrühren. Deckel auf den Topf legen, Hitze niedriger schalten und weitere 2$^1/_2$ Std. unter gelegentlichem Umrühren garen, bis Lamm und Bohnen weich sind.

◆ Sollte das Gericht trocken aussehen, etwas Wasser dazugießen.

◆ Das hält sich besonders gut im Kühlschrank – bei mir reichte ein Cassoulet normalerweise eine Woche!

SCHWEINESPIESSE MIT KNOBLAUCH

ZUTATEN

FÜR 6 PERSONEN

1 Knoblauchzwiebel, ungeschält
(etwa 15 Zehen)

$^1/_2$ TL Kreuzkümmel, gemahlen

1 TL Koriander, gemahlen

$^1/_2$ TL Zimt, gemahlen

1 TL Kurkuma

50 g Zucker

50 ml Limettensaft

Zweige Zitronenmelisse,
gut zerkleinert (wenn gewünscht)

4 Schalotten, gehackt

2 EL Öl

1 kg mageres Schweinefleisch

1 kleine Gemüsezwiebel, fein gehackt

2,5 cm Ingwerwurzel, gerieben

Chilipulver nach Geschmack

150 g Erdnüsse, geröstet, gerieben

Salz nach Geschmack

ZUBEREITUNG

♦ Für die Marinade 3 Knoblauchzehen abziehen und zerdrücken und mit Kreuzkümmel, Koriander, Zimt, Kurkuma, 2 TL Zucker, 2 EL Limettensaft, Zitronenmelisse, Schalotten und 1 EL Öl mischen.

♦ Das gewürfelte Fleisch in einen Plastikbeutel füllen und mit der Marinade übergießen. Beutel fest verschließen und auf einen Teller legen, falls der Beutel leckt. 2–4 Std. kühl stellen.

♦ Die restlichen ungeschälten Knoblauchzehen in Wasser 10 Min. köcheln lassen, bis sie anfangen, weich zu werden. Abgießen, abziehen und jede Zehe der Länge nach in 3 oder 4 Stücke schneiden.

♦ Für die Soße Zwiebel mit geriebenem Ingwer und Chilipulver (nicht zuviel nehmen, besser später nachwürzen) im restlichen Öl erhitzen, bis sie glasig ist.

♦ Marinade vom Fleisch abgießen, Melisse herausnehmen und zur Zwiebel geben. Einige Minuten köcheln lassen.

♦ Restlichen Limettensaft, Zucker und Erdnüsse dazugeben. Mit Salz und, wenn nötig, etwas mehr Chilipulver würzen und köcheln, bis die Mischung eindickt.

♦ Jeweils 5–7 marinierte Fleischwürfel und Knoblauchstücke abwechselnd auf dünne Spieße – üblicherweise aus Holz – stecken und etwa 10 Min. im Ofen grillen; dabei einmal umdrehen. Beim Grillen über offenem Feuer mit etwas Öl bestreichen, und grillen, bis das Fleisch glänzend braun und gar ist.

LEBER STROGANOW

ZUTATEN

FÜR 4 PERSONEN

450 g Kalbsleber, in dünnen
Scheiben

1 Knoblauchzehe, zerdrückt

1 EL Öl

$^1/_2$ TL frische Salbeiblätter,
klein gehackt

6 schwarze Pfefferkörner, zerstoßen

$^1/_2$ TL Paprikapulver

2 EL trockener Weißwein
oder Sherry

200 g frische Perlzwiebeln

50 g Butter

4 EL Mehl

1 TL Knoblauchsaft

150 ml saure Sahne

Salz und Pfeffer

ZUBEREITUNG

◆ Leber in 0,5 x 5 cm große Streifen schneiden.

◆ Mit einer Marinade aus zerdrücktem Knoblauch, Öl, Salbei, Pfefferkörnern, Paprika, Wein oder Sherry begießen und an einem kühlen Platz 2–4 Std. ziehen lassen; dabei gelegentlich umrühren.

◆ Zwiebeln schälen; vorher 30 Sek. in kochendem Wasser blanchieren, um die Haut zu lösen. Zugedeckt 10–20 Min. in der Butter dünsten, bis sie anfangen, weich zu werden. Zwiebeln aus dem Topf nehmen und beiseite stellen.

◆ Leber aus der Marinade nehmen und abtropfen lassen; in Mehl wälzen und in der Mischung aus Butter und Zwiebelsaft auf jeder Seite nicht länger als 1 Min. schmoren.

◆ Knoblauchsaft und Zwiebeln dazugeben und noch 1 Min. köcheln lassen.

◆ Vom Herd nehmen, saure Sahne unterrühren, mit Salz und Pfeffer abschmecken und sofort servieren.

KNOBLAUCH-HÄHNCHEN

ZUTATEN

FÜR 4–6 PERSONEN

3 Knoblauchzwiebeln
(etwa 35 Zehen)

1,5–2 kg Brathähnchen

150 g Doppelrahmfrischkäse oder
fettarmer Frischkäse

1 EL Schnittlauchröllchen

1 EL Petersilie, gehackt

Salz und Pfeffer

200 g grüne Weintrauben (kernlos
und nicht zu süß)

1 Rosmarinzweig

30 g Butter

Temperatur
180 °C

ZUBEREITUNG

♦ Bis auf 2 Zehen den ungeschälten Knoblauch 30 Sek. in kochendes Wasser geben, herausnehmen und abziehen.

♦ Weitere 2 Min. kochen lassen, abgießen und beiseite stellen.

♦ 1 der restlichen Knoblauchzehen abziehen und halbieren. Mit der Schnittseite einer Hälfte die Hähnchenbrust und -beine einreiben, dann den Rest dieses Stücks und die andere Hälfte in Scheiben schneiden.

♦ Letzte Knoblauchzehe abziehen und zerdrücken und mit dem Frischkäse, Schnittlauch und Petersilie verrühren. Großzügig mit Salz und Pfeffer würzen.

♦ Mit den Fingern die Haut der Hühnerbrust vom Fleisch lösen.

♦ Käsemischung zwischen Haut und Fleisch geben, so daß die Brust vollständig bedeckt ist.

♦ Hähnchen mit blanchiertem Knoblauch, Weintrauben und Rosmarin (einige Blätter zurückbehalten) füllen.

♦ Hähnchen in einen eingeölten Bratentopf geben, Knoblauch-scheiben und restliche Rosmarinblätter zwischen Schenkel, Flügel und Körper legen.

♦ Brust mit Salz bestreuen und Butterflocken daraufsetzen. Brust und Schenkel mit Alufolie bedecken.

♦ Circa 1½ Std. garen, bis der austretende Saft nicht mehr rosa ist; in den letzten 20 Min. Alufolie entfernen, damit die Haut knusprig wird.

HÄHNCHEN KREOLISCH

ZUTATEN

FÜR 6–8 PERSONEN

8 Stücke Hähnchenfleisch

100 g Garnelen oder Krabben, geschält

2 EL Olivenöl

$\frac{1}{2}$ TL Estragon, getrocknet

2 Knoblauchzehen, zerdrückt

$\frac{1}{4}$ TL scharfe Chilisoße oder Cayennepfeffer

1 große Zwiebel, in dünnen Ringen

1 rote Paprikaschote, entkernt, in dünnen Streifen

Konzentrierte Tomatensoße (s. S. 59)

Temperatur 180 °C und 220 °C

ZUBEREITUNG

◆ Hähnchenteile einschneiden und an einem Ende in eine Schüssel legen, Garnelen oder Krabben am anderen Ende. Mit einer Marinade aus Öl, Estragon, Knoblauch und Chilisoße oder Cayennepfeffer übergießen. Vor der Zubereitung mindestens 1 Std. ziehen lassen.
◆ Marinade in eine Bratpfanne gießen, Garnelen oder Krabben beiseite stellen.
◆ Hähnchenfleisch in der heißen Marinade 7–10 Min. garen, bis es braun ist; dabei gelegentlich umdrehen. In einen Bratentopf legen.
◆ Paprika und Zwiebeln in der restlichen Marinade anbräunen, dann über das Hähnchenfleisch geben.
◆ Gemüse und Hähnchen mit Tomatensoße begießen, Topf mit Alufolie verschließen. 30 Min. bei der niedrigen Temperatur garen.
◆ Alufolie entfernen, Hitze höher stellen und weitere 20 Min. garen. 5 Min. vor dem Servieren Garnelen oder Krabben dazugeben, damit sie heiß werden.

TRUTHAHNRESTE, SCHMACKHAFT VERWERTET

ZUTATEN

FÜR 8 PERSONEN

Truthahnknochen

1 l Wasser

2 mittelgroße Zwiebeln, grob gehackt

4 Knoblauchzehen, grob gehackt

Salz und Pfeffer

100 g Pimentkörner, grob zerkleinert

1 kleine rote Paprikaschote, entkernt, gehackt

200 g reife Tomaten, abgezogen, entkernt, gehackt

1 dicke Scheibe Weißbrot, getoastet, zerkrümelt

100 g Mandeln, gemahlen

50 g Sesamkörner

2 EL Öl oder Schmalz

1 TL Koriander, gemahlen

$\frac{1}{2}$ TL gemahlener Piment

Chilipulver nach Geschmack

2 TL brauner Zucker

50 g ungesüßte Schokolade, in kleinen Stücken

1 kg kaltes Truthahnfleisch, in mundgerechten Happen

ZUBEREITUNG

Diese moderne Version eines der bekanntesten Nationalgerichte Mexikos bringt ein wenig Abwechslung in die übliche Resteverwertung des Truthahns nach Weihnachten oder dem Erntedankfest. Das Gericht schmeckt mit Hähnchenfleisch genauso gut. Dazu serviert man Reis, aufgewärmte Bohnen, Tortillas, eine Schüssel Guacamole (s. S. 40) und reichlich Bier.

◆ Knochen mit einem Drittel der Zwiebeln, einem Viertel des Knoblauchs und reichlich Salz und Pfeffer 45 Min. köcheln lassen, bis eine gute Brühe entstanden ist.
◆ Restliche Zwiebeln und Knoblauch, Pimentkörner, Paprika, Tomaten, Brot, gemahlene Mandeln, die Hälfte der Sesamkörner und die Hälfte der Truthahnbrühe mischen und zu einem glatten Püree reduzieren.
◆ In einem großen schweren Topf Öl oder Schmalz, Koriander, gemahlenen Piment, Chilipulver (nicht zuviel, besser später nachwürzen) und braunen Zucker einige Minuten erhitzen.
◆ Pürierte Soße dazugeben und bei mittlerer Hitze 5 Min. rühren. Schokolade und soviel Brühe dazugeben, daß die Soße cremig wird. Mit Salz und Pfeffer abschmecken.
◆ Hitze niedriger schalten und unter gelegentlichem Rühren 10 Min. leicht kochen lassen. Truthahnfleisch dazugeben und weitere 10 Min. erhitzen.
◆ Restliche Sesamkörner bei mittlerer Hitze rösten und kurz vor dem Servieren über das Truthahnfleisch streuen.

GAILS HÄHNCHENFLÜGEL

ZUTATEN

FÜR 3–4 PERSONEN

2 Knoblauchzehen, zerdrückt

3 EL Öl

3 Prisen Cayennepfeffer

$^1/_2$ TL Oregano

1 TL Paprikapulver

2 TL Essig

1 TL Zucker

2 EL Weißwein

Salz und Pfeffer

10 Hähnchenflügel

mit Salz und Pfeffer gewürztes Mehl

ZUBEREITUNG

♦ Knoblauch, die Hälfte Öl, Cayennepfeffer, Oregano, Paprika, Essig, Zucker, Weißwein und reichlich Salz und Pfeffer mischen.

♦ Hähnchenflügel mehrfach einschneiden und in einen großen Plastikbeutel geben.

♦ Mit der Marinade begießen, Beutel gut verschließen und in eine Schüssel legen, falls er leckt. 2–4 Std. an einem kühlen Platz ziehen lassen.

♦ Hähnchenflügel aus der Marinade nehmen und in gewürztem Mehl wälzen.

♦ Etwa 10 Min. in dem restlichen Öl braten, bis sie gut gebräunt sind; dabei gelegentlich umdrehen.

——————— SERVIERVORSCHLAG ———————

Auf Küchenpapier abtropfen lassen und heiß mit braunem Reis und einem frischen Salat servieren.

KALTES HUHN MILLEFOGLIE

ZUTATEN

FÜR 4–6 PERSONEN

350 g Blätterteig

100 ml Knoblauchdressing (s. S. 58)

8–10 Artischockenherzen aus der Dose, geviertelt

½ EL Öl

1 Knoblauchzehe, zerdrückt

1 TL Koriander, gemahlen

½ TL Kreuzkümmel, gemahlen

½ TL Kurkuma

½ TL Paprikapulver

2 Prisen Cayennepfeffer

1 EL Zitronensaft

100 g Schlagsahne, steif geschlagen

200 g kaltes gekochtes Hühnerfleisch, in mundgerechten Happen

Salz und Pfeffer

2 EL Petersilie, fein gehackt

1 EL Mayonnaise oder Aïoli (s. S. 54)

Temperatur
230 °C

ZUBEREITUNG

◆ Teig dünn ausrollen und in 3 etwa 10 cm breite Streifen schneiden. Mehrfach mit einer Gabel einstechen und 7–10 Min. backen, bis er aufgegangen und goldbraun ist. Bis zur Weiterverarbeitung auf einem Drahtgitter auskühlen lassen.

◆ Knoblauchdressing erwärmen und über die Artischockenherzen gießen. Mindestens 1 Std. beiseite stellen.

◆ Für die Soße zum Huhn das Öl erhitzen und Knoblauch, Koriander, Kreuzkümmel, Kurkuma, Paprika und Cayennepfeffer hineingeben. Bei mittlerer Hitze einige Minuten rühren. Vom Herd nehmen und Zitronensaft dazugeben. Die Mischung über die Sahne gießen oder durch ein Sieb hineinrühren. Fleisch unter die Soße heben und mit Salz und Pfeffer abschmecken.

◆ Für die Millefoglie einen Teigstreifen auf einen Servierteller legen und die Hälfte der Fleischmischung darauf verstreichen. Dressing von den Artischockenherzen abgießen. Petersilie unter die Artischockenherzen rühren und die Hälfte auf die Fleischmischung geben. Mit dem zweiten Teigstreifen, dem restlichen Fleisch und der restlichen Artischockenmischung bedecken.

◆ Unterseite des letzten Teigstreifens mit Mayonnaise oder Aïoli bestreichen und vorsichtig auf die Artischockenmischung drücken.

——————— SERVIERVORSCHLAG ———————

◆ Mit einem sehr scharfen Sägemesser in Scheiben schneiden und sofort servieren.

GEMÜSE & SALATE

Rechte Seite: Überbackene Süßkartoffeln (s. S. 90)

ÜBERBACKENE SÜSSKARTOFFELN

ZUTATEN
FÜR 4–6 PERSONEN
650 g Süßkartoffeln
1 kleine Zwiebel, in dünnen Ringen
2 Knoblauchzehen, fein gehackt
2 EL mit Salz und Pfeffer gewürztes Mehl
150 ml Milch
25 g Butter
2 TL brauner Zucker (wenn gewünscht)
Temperatur 200 °C

ZUBEREITUNG

Dieses Gericht wird eigentlich mit normalen Speisekartoffeln hergestellt. Aber ich finde, daß Süßkartoffeln und Knoblauch eine ungewöhnlich leckere Kombination sind, vor allem als Beilage zu Fisch oder gekochtem Schinken.

♦ Kartoffeln gründlich säubern und ungeschält in Scheiben schneiden, die nicht dicker als 0,25 cm sind.
♦ Eine gut gefettete Backform oder einen kleinen Bratentopf mit einer Schicht Kartoffelscheiben auslegen und mit Zwiebelringen, Knoblauch und gewürztem Mehl bestreuen.
♦ Schichten wiederholen, mit Kartoffeln enden.
♦ Soviel Milch dazugießen, daß die Kartoffeln halb bedeckt sind. Mit Butterflocken versehen.
♦ Mit braunem Zucker bestreuen und 30–45 Min. backen, je nach Dicke.

KNOBLAUCH, IN BUTTER GESCHMORT

ZUTATEN
FÜR 3–4 PERSONEN
4 große Knoblauchzwiebeln (etwa 60 Zehen)
50 g Butter
Salz und Pfeffer
ZUM SERVIEREN
2 EL frische Petersilie, fein gehackt

ZUBEREITUNG

Im Mittelalter war Knoblauch als Gemüse sehr beliebt und unter dem Namen »aquapatys« bekannt. Es wird Zeit, daß dieses überraschend feine Gericht wieder zu Ehren kommt.

♦ Knoblauchzehen trennen und 15 Min. in Salzwasser köcheln lassen, bis sie fast weich sind.
♦ Abgießen, vorsichtig abziehen und in Butter bei niedriger Hitze weitere 5–7 Min. garen. Mit Salz und Pfeffer abschmecken.

—————————— SERVIERVORSCHLAG ——————————

Gehackte Petersilie unterrühren und servieren.

INTERALLIA

ZUTATEN

FÜR 4–6 PERSONEN

3 Knoblauchzwiebeln, ungeschält
(etwa 35 Zehen)

350 g frische Perlzwiebeln

50 g Butter

etwa 350 g junger Lauch, geputzt und
in 2,5 cm große Stücke geschnitten

100 ml Wasser

2 EL Mehl

¹/₂ TL englischer Senf

¹/₄ TL Kurkuma

¹/₂ TL Zucker

150 ml heiße Milch

3 EL Sahne

Salz und Pfeffer

ZUM SERVIEREN

2 EL Frühlingszwiebeln oder Lauch
(nur der grüne Teil), fein gehackt

1 EL Schnittlauchröllchen

ZUBEREITUNG

Dieses Gericht ist so benannt, weil es fünf Gemüsesorten der allium-*Familie zu einer schmackhaften Mischung vereint.*

♦ Knoblauchzehen teilen und mit den Zwiebeln einige Minuten in kochendem Wasser blanchieren. Abgießen und abziehen.

♦ In der Hälfte der Butter 7–10 Min. vorsichtig garen, dann Lauch und Wasser dazugeben. Aufkochen und beiseite stellen.

♦ Restliche Butter in einem kleinen Topf zerlassen, Mehl, Senf, Kurkuma und Zucker dazugeben und einige Minuten rühren.

♦ Hitze höher stellen, Gemüseflüssigkeit durch ein Sieb dazugießen und die heiße Milch hinzufügen. 5 Min. köcheln lassen.

♦ Über das Gemüse gießen und weiter köcheln lassen, bis es *gerade eben* weich ist.

♦ Vom Herd nehmen und Sahne vorsichtig unterrühren. Mit Salz und Pfeffer abschmecken.

───── SERVIERVORSCHLAG ─────

Mit Frühlingszwiebeln oder Lauch und der Petersilie bestreuen.

Das Gericht schmeckt besonders gut zu Lamm und geräuchertem oder gekochtem Schinken.

RATATOUILLE

ZUTATEN

FÜR 6–8 PERSONEN

2 große Zwiebeln, grob gehackt

3 Knoblauchzehen, zerdrückt

4 EL Olivenöl

*2 mittelgroße Auberginen,
in Stücke geschnitten*

*3 große rote Paprikaschoten,
entkernt, in Streifen*

2 mittelgroße Zucchini, in Scheiben

*650 g reife Tomaten, abgezogen,
grob gehackt*

1 TL Zucker

Salz und Pfeffer

ZUM SERVIEREN

*2 EL Petersilie, gehackt
(wenn gewünscht)*

ZUBEREITUNG

Dieser französische Klassiker kann heiß oder kalt serviert werden; als Beilage, als Soße zu Nudeln oder, mit reichlich geriebenem Käse, als Hauptgericht.

♦ Zwiebeln und Knoblauch bei niedriger Hitze etwa 15 Min. erwärmen und glasig werden lassen.
♦ Auberginen, Paprika und Zucchini dazugeben. Deckel auf den Topf legen und 30 Min. köcheln lassen, bis das Gemüse fast weich ist.
♦ Tomaten und Zucker dazugeben und abschmecken. Weitere 5 Min. garen.

——— SERVIERVORSCHLAG ———

Kurz vor dem Servieren die Ratatouille mit Petersilie bestreuen.

GLASIERTE KNOBLAUCHRÜBCHEN

ZUTATEN

FÜR 4 PERSONEN

2 Knoblauchzwiebeln, ungeschält
(etwa 25 Zehen)

450 g junge Weiße Rüben
(Teltower Rübchen), geviertelt

150 ml Wasser

50 g Butter

1^1/$_2$ TL Zucker

Salz und Pfeffer

ZUM SERVIEREN

1 EL Petersilie, fein gehackt

ZUBEREITUNG

♦ Knoblauchzehen trennen und 5 Min. in kochendem Wasser blanchieren, abgießen und abziehen.

♦ Knoblauch, Rübchen, Wasser, Butter, Zucker und etwas Salz und Pfeffer in einen schweren Topf geben und zugedeckt etwa 20 Min. vorsichtig kochen, bis Knoblauch und Rübchen weich, aber nicht breiig sind. Wenn die Flüssigkeit dann noch nicht zu einer sirupartigen Glasur verdampft ist, Deckel abnehmen und überschüssige Flüssigkeit schnell verkochen lassen.

─────── SERVIERVORSCHLAG ───────

Abschmecken und mit Petersilie bestreut servieren.

Schmeckt sehr gut zu gebratenen Fleischgerichten, vor allem Rindfleisch, und zu Schinken.

KNOBLAUCH-KARTOFFELMUS

ZUTATEN
FÜR 6 PERSONEN
3 Knoblauchzwiebeln
(etwa 35 Zehen)
100 g Butter
2 EL Mehl
¹/₄ TL Muskat, gerieben
¹/₄ TL Senf
250 ml kochende Milch
Salz und Pfeffer
1 kg mehlig kochende Kartoffeln
3 EL Sahne

ZUBEREITUNG

♦ Knoblauchzehen trennen und 1 Min. in kochendem Wasser blanchieren, abgießen und abziehen.

♦ Bei niedriger Hitze zugedeckt in der Hälfte der Butter etwa 20 Min. weich kochen lassen.

♦ Mehl, Muskat und Senf unterrühren und einige Minuten umrühren, ohne daß die Mischung braun wird.

♦ Vom Herd nehmen und die kochende Milch unterrühren. Mit reichlich Salz und Pfeffer würzen.

♦ Wieder auf den Herd stellen und 5 Min. köcheln lassen. Durch ein Sieb streichen oder im Mixer zu einem glatten Püree verarbeiten.

♦ Wieder in den Topf geben und noch einmal 2 Min. köcheln lassen.

♦ Kartoffeln schälen, in kleine Stücke schneiden, 15 Min. garen und abgießen. Mit der restlichen Butter zerstampfen.

♦ Das noch einmal aufgewärmte Knoblauchpüree dazugeben, danach die Sahne löffelweise dazugeben. Die Mischung sollte nicht zu dünn sein. Mit Salz und Pfeffer abschmecken, sofort servieren.

Knoblauch-Kartoffelmus schmeckt besonders gut zu Würstchen, Steak und Brathähnchen oder als »Nest« für Spiegeleier. Sollte es wider Erwarten Reste geben, stellen Sie sie kalt. Später werden sie zu kleinen Pfannkuchen geformt, in Mehl gewälzt und in heißem Fett auf beiden Seiten goldbraun gebraten.

BRAUNER REIS À LA BONANZA

ZUTATEN

FÜR 4 PERSONEN

2 Knoblauchzehen, zerdrückt

1 mittelgroße Zwiebel, fein gehackt

$^1/_2$ rote Paprikaschote, in dünnen
Streifen

2 EL Öl

200 g brauner Reis

450 ml Kraftbrühe aus der Dose

200 ml Wasser

Salz und Pfeffer

ZUBEREITUNG

♦ Knoblauch, Zwiebel und Paprika in Öl sautieren, bis die Zwiebel glasig ist und anfängt, braun zu werden.

♦ Reis dazugeben und mehrere Minuten kochen; dabei gut umrühren.

♦ Kraftbrühe und Wasser dazugeben und zugedeckt bei niedriger Hitze 30–35 Min. garen. Mit Salz und Pfeffer abschmecken und servieren.

♦ Dieses Reisgericht paßt gut zu Huhn.

DAAL

ZUTATEN

FÜR 4 PERSONEN

1¹/₂ EL klare Butter oder Öl

3–4 Knoblauchzehen, zerdrückt

2 TL Kurkuma

1 kleine grüne Chilischote, entkernt und fein gehackt oder 2 Prisen Chilipulver

2 TL Koriander, gemahlen

1 TL Kreuzkümmel, gemahlen

2 mittelgroße Zwiebeln, fein gehackt

200 g rote gespaltene Linsen

650 ml Wasser oder Brühe

1 EL Tomatenmark

¹/₂ TL Zucker

Salz und Pfeffer

ZUBEREITUNG

♦ Butter oder Öl in einer großen, schweren Pfanne erhitzen und darin Knoblauch und Gewürze mehrere Minuten rösten.

♦ Zwiebeln dazugeben; wenn sie anfangen, braun zu werden, auch die Linsen in die Pfanne geben.

♦ Mit Wasser oder Brühe übergießen, Tomatenmark und Zucker dazugeben und zum Kochen bringen.

♦ Daal 40–50 Min. köcheln lassen, bis die Linsen anfangen, auseinanderzufallen.

♦ Mit reichlich Salz und ein wenig Pfeffer würzen und servieren.

—————— VARIATION ——————

Für eine richtig herzhafte Linsensuppe einfach die Menge an Wasser oder Brühe verdoppeln und das fertige Daal durch ein Sieb streichen oder im Mixer pürieren.

Daal läßt sich auch aus gelben gespaltenen Erbsen herstellen, die über Nacht in warmem Wasser eingeweicht werden müssen. Das Daal etwa 1¹/₂ Std. kochen, bis die Erbsen weich sind.

SALAT MIT WEISSEN BOHNEN

ZUTATEN

FÜR 4 PERSONEN

200 g getrocknete weiße Bohnen

150 ml Knoblauchdressing (s. S. 58)

2 Knoblauchzehen, zerdrückt

1 große rote Paprikaschote, entkernt, in dünnen Streifen

2 kleine Stangen Lauch, in dünnen Scheiben

1 EL Frühlingszwiebeln oder Lauch (nur der grüne Teil), fein gehackt

ZUBEREITUNG

♦ Bohnen mit kochendem Wasser bedecken und über Nacht einweichen.

♦ Wasser abgießen. Bohnen mit frischem Wasser bedecken und $1^{1}/_{2}$–2 Std. weich kochen lassen. Wenn nötig, von Zeit zu Zeit Wasser nachgießen, damit die Bohnen nicht kleben.

♦ Abgießen und Knoblauchdressing über die heißen Bohnen geben. Zerdrückten Knoblauch unterrühren und bis zum Verbrauch kühl stellen.

♦ Vor dem Servieren Paprika und Lauch unterrühren und mit Frühlingszwiebeln oder Lauch bestreuen.

———————————— VARIATION ————————————

Lauch und Frühlingszwiebeln weglassen, statt dessen kurz vor dem Servieren 2 EL grob gehackte frische Minze unterrühren.

Salat mit Chicorée, Orangen und Walnüssen

ZUTATEN
FÜR 4–6 PERSONEN
4 große Chicorées
2 große, süße Orangen
50 g Walnüsse, halbiert
3 EL Oliven- oder Walnußöl
1 EL Zitronensaft
1 Knoblauchzehe, fein zerdrückt
¹/₂ TL Zucker

ZUBEREITUNG

♦ Weißen Kern aus der Mitte entfernen und Chicorées in gut 1 cm dicke Scheiben schneiden.

♦ Orangen schälen und in Scheiben schneiden; oder in Segmente zerlegen, dabei Haut und weiße Fasern entfernen.

♦ Walnüsse grob hacken; einige Hälften für die Dekoration zurückbehalten.

♦ Öl, Zitronensaft und Zucker verrühren und über die Mischung aus Chicorées, Orangen und Walnüssen gießen.

♦ Mit Walnußhälften dekorieren und gekühlt servieren.

NUDELSALAT

ZUTATEN

FÜR 4 PERSONEN

200 g Nudeln: Hörnchen, Muscheln oder Spiralen

¹/₂ EL Öl

1 EL Knoblauchpüree (s. S. 113) oder 2 Knoblauchzehen, zerdrückt

150 ml Mayonnaise

1 EL Sahne

150 g Champignons, geviertelt

150 g dünne Scheiben Knoblauchwurst, in Streifen und knusprig gebraten

1¹/₂ EL Frühlingszwiebeln oder Lauch (nur der grüne Teil), fein gehackt

Salz und Pfeffer

ZUBEREITUNG

♦ Nudeln mit Öl in reichlich kochendem Salzwasser 15–20 Min. garen. Gut abtropfen lassen und restliche Zutaten unter die noch warmen Nudeln rühren.

♦ Warm oder gekühlt servieren.

— VARIATION —

Für das Dressing die Hälfte Mayonnaise und die Hälfte Pesto (s. S. 54) nehmen.

♦ Anstelle von Mayonnaise Aïoli (s. S. 54) nehmen. Der zusätzliche Knoblauch ist dann vermutlich nicht nötig.

♦ Es lassen sich auch zahlreiche andere Gemüsesorten und Nüsse verwenden, einzeln oder kombiniert: kleingehackte oder in Streifen geschnittene Paprikaschoten, Zucchini in dünnen Scheiben oder gerieben, Avocado in Würfeln, geröstete Erdnüsse, blanchierte Mandeln oder Walnüsse, Pinienkerne.

♦ Der Nudelsalat schmeckt auch sehr gut mit 100 ml Knoblauchdressing (s. S. 58) anstelle der Mayonnaise und Sahne. Dazu passen geviertelte Artischockenherzen und geröstete Cashews.

TSATSIKI

ZUTATEN
FÜR 4 PERSONEN
1 große grüne Gurke, ungeschält
¹/₂ TL Salz
2 Knoblauchzehen, fein gehackt
450 g griechischer Joghurt
Pfeffer
etwas Zitronensaft

ZUBEREITUNG

◆ Gurke grob in ein Sieb reiben. Mit Salz bestreuen und etwa 1 Std. abtropfen lassen.

◆ Abgetropfte Gurke und Knoblauch unter den Joghurt rühren und mit Pfeffer und Zitronensaft abschmecken.

◆ Gekühlt servieren.

BROT & PIZZA

Rechte Seite: Knoblauchbrot (s. S. 104)

KNOBLAUCHBROT

ZUTATEN
1 Baguette
Knoblauchbutter (s. S. 61), weich
1 TL gemischte frische Kräuter, gehackt (wenn gewünscht)
Temperatur 180 °C

ZUBEREITUNG

♦ Brot in Scheiben schneiden, aber an der Unterseite nicht ganz durchschneiden.
♦ Scheiben von beiden Seiten mit der weichen Knoblauchbutter bestreichen und mit Kräutern bestreuen.
♦ Brot in Alufolie wickeln und im Backofen etwa 20 Min. erhitzen.

──────── VARIATION ────────

Knoblauchbrötchen: Das obere Drittel von Weißbrot- oder Vollkornbrötchen abschneiden. Den größten Teil des Teigs herauslösen und zerkrümeln. Krümel mit einigen Mohnkörnern oder gemischten Kräutern in zerlassener klarer Knoblauchbutter schwenken. Krümel wieder in die Brötchen füllen, oberen Teil wieder darauflegen und vor dem Servieren aufwärmen.

Knoblauchknuspereien: Aus einem frischen Weißbrot mit 2 Gabeln das Innere in mundgerechten Stücken herauslösen und etwas auseinanderziehen. Auf ein Backblech legen und mit klarer Knoblauchbutter beträufeln. Bei 190 °C knusprig backen.

Gebackene Knoblauch-Croûtons: Anders als die gerösteten Knoblauch-Croûtons können diese im Backofen bis zum Verbrauch warm gehalten werden. Weißbrotscheiben ohne Rinden mit weicher Knoblauchbutter bestreichen. In kleine Würfel schneiden und mit der Butterseite nach oben auf ein eingefettetes Backblech legen. Bei 190 °C knusprig und goldbraun backen.

MILCHBROT MIT KNOBLAUCH

ZUTATEN

1 Knoblauchzwiebel (etwa 12 Zehen)
250 ml Milch
450 g Mehl, angewärmt
1 TL Salz
25 g Butter, zerlassen
1 EL frische Backhefe
$^1/_2$ TL Zucker
1 Ei, gut verquirlt
Steinsalz
etwas Knoblauch, fein gehackt (wenn gewünscht)
Temperatur 230 °C

ZUBEREITUNG

♦ Getrennte, ungeschälte Knoblauchzehen 5 Min. in kochendem Wasser blanchieren.

♦ Abgießen, abziehen und in der Milch etwa 10–15 Min. köcheln lassen, bis sie weich sind.

♦ Mehl mit dem Salz durchsieben, in der Mitte eine Vertiefung eindrücken.

♦ Milch und Knoblauch durch ein Sieb passieren oder im Mixer pürieren, die zerlassene Butter dazugeben.

♦ Hefe und Zucker cremig rühren und mit dem Ei in die warme Knoblauchmilch geben. Über das Mehl gießen.

♦ Zutaten sorgfältig mischen und zu einem glatten Teig kneten.

♦ Zugedeckt an einem warmen Platz etwa 1 Std. gehen lassen.

♦ Teig zu einem großen oder zwei kleinen Broten formen und auf ein gefettetes Backblech legen. Brot mehrfach der Länge nach einschneiden und 15 Min. aufgehen lassen.

♦ Mit Steinsalz und etwas gehacktem Knoblauch bestreuen und 20–30 Min. goldbraun backen, bis es beim Klopfen gegen die Unterseite hohl klingt.

─────── VARIATION ───────

Knoblauchzehen ganz lassen. Oder 50 g in etwas Öl geröstete Pinienkerne unter den Teig rühren, bevor er zum Aufgehen beiseite gestellt wird.

KNOBLAUCHKUCHEN

ZUTATEN
ERGIBT 12 STÜCK
200 g Mehl
2¹/₂ TL Backpulver
Salz und weißer Pfeffer
50 g Butter oder Margarine
150 ml Milch und Wasser, gemischt
2 Knoblauchzehen, fein zerdrückt
Temperatur
230 °C

ZUBEREITUNG

♦ Die trockenen Zutaten zusammen durchsieben, mit der Butter oder Margarine zu einer krümeligen Masse verarbeiten.

♦ Knoblauch dazugeben und soviel Milch, daß ein weicher, aber nicht nasser Teig entsteht.

♦ Teig in zwei Hälften aufteilen, mit Mehl bestäuben und jede Hälfte zu einem runden Kuchen von 2 cm Dicke formen.

♦ Beide Kuchen auf ein Backblech legen und mit einem Messer sechsteln, aber nicht ganz bis zum Boden durchschneiden.

♦ Die Kuchen 10–15 Min. backen, bis sie goldbraun und aufgegangen sind, und es beim Klopfen gegen die Unterseite hohl klingt.

♦ Aufgeschnitten und mit Butter bestrichen warm servieren.

───── VARIATION ─────

Bevor Milch und Wasser dazukommen, 75 g grob geriebenen Cheddarkäse zu dem Teig geben.

PAN BAGNA

ZUTATEN

FÜR 4 PERSONEN

1 mittelgroßes Weißbrot

2 EL Olivenöl

1 große Zwiebel, in dünnen Ringen

2–3 Knoblauchzehen, fein gehackt

350 g Tomaten, abgezogen, entkernt, in Scheiben

12 schwarze Oliven ohne Steine

$\frac{1}{2}$ TL Oregano, getrocknet

$\frac{1}{2}$ TL Zucker

Salz und Pfeffer

ZUBEREITUNG

◆ Das obere Drittel vom Brot abschneiden und den größten Teil des Teigs herauslösen (die Krümel können in anderen Rezepten verwendet werden).

◆ Öl erhitzen, Knoblauch und Zwiebeln rösten, bis sie anfangen, braun zu werden, Hitze herunterschalten und Zwiebeln glasig werden lassen.

◆ Tomaten, Oliven, Oregano und Zucker dazugeben und mit Salz und reichlich frisch gemahlenem schwarzem Pfeffer abschmecken. Gut umrühren und vom Herd nehmen.

◆ Das ausgehöhlte Brot mit der Mischung füllen (s. Foto) und den oberen Teil wieder darauflegen.

◆ Das gefüllte Brot in Alufolie wickeln und in einen Plastikbeutel legen. Mit einem Teller und mehreren Konservendosen beschweren.

◆ Brot 2–4 Std. im Kühlschrank lassen und kalt in dicken Scheiben servieren. Bestens geeignet für ein Picknick.

VARIATION

Zwiebel weglassen und 700 g Tomaten nehmen. Tomaten, Knoblauch, Öl, Oliven und Zucker mischen und gut würzen. Anstelle von Oregano 2 TL fein gehacktes frisches Basilikum oder Majoran verwenden.

Pizza Napolitana con aglio

ZUTATEN

FÜR 4 PERSONEN

200 g Mehl, durchgesiebt

1 EL frische Backhefe

$^1/_2$ TL Zucker

lauwarmes Wasser zum Mischen

$^1/_2$ TL Salz

650 g reife Tomaten, abgezogen, entkernt, grob gehackt

schwarzer Pfeffer, frisch gemahlen

12 Sardellenfilets

2 TL frisches Basilikum, fein gehackt

2–3 Knoblauchzehen, fein gehackt

150 g Mozzarella, in dünnen Scheiben

$1^1/_2$ EL Olivenöl

Temperatur
230 °C

ZUBEREITUNG

♦ Mehl in eine große Schüssel geben und in der Mitte eine Vertiefung eindrücken.

♦ Hefe, Zucker und 2 EL warmes Wasser in einer Tasse verrühren und in die Vertiefung gießen.

♦ Salz dazugeben und gut mischen; soviel warmes Wasser dazugießen, daß ein fester Teig entsteht.

♦ Teig auf einem mit Mehl bestäubten Brett durchkneten, bis er locker und elastisch ist. Mit einem sauberen Geschirrtuch zudecken und 2–2$^1/_2$ Std. an einem warmen Platz stehen lassen, bis er zu doppelter Größe aufgegangen ist.

♦ Teig zu einem 0,5 cm dicken Kreis ausrollen und auf ein großes, mit Öl gut gefettetes Backblech legen. Noch einmal 10 Min. aufgehen lassen.

♦ Mit Tomaten, reichlich Pfeffer, Knoblauch und Basilikum belegen, darauf die Sardellen und die Mozzarellascheiben legen. Zum Schluß mit Öl beträufeln.

♦ Pizza 25–35 Min. backen, bis der Teig gar ist und der Käse Blasen wirft.

SCHNELLPIZZAS

ZUTATEN

ERGIBT 4 KLEINE PIZZAS

200 g Mehl

½ TL Salz

1 TL Backpulver

4 EL Olivenöl

Wasser zum Mischen

200 ml konzentrierte Tomatensoße (s. S. 59)

1 TL frischer Majoran oder ½ TL Oregano, getrocknet

50 g schwarze Oliven, ohne Steine

150 g Cheddarkäse, in dünnen Scheiben

1 Knoblauchzehe, fein gehackt

Temperatur
230 °C

ZUBEREITUNG

♦ Mehl, Salz und Backpulver zusammen durchsieben, Öl dazugeben und soviel Wasser, daß ein sehr klebriger Teig entsteht.

♦ Teig vierteln und jedes Stück in eine runde, gut mit Öl eingefettete Pizza- oder Backform (Durchmesser 15 cm) legen.

♦ Mit Tomatensoße übergießen, mit Majoran oder Oregano, Oliven und Käse belegen und mit Knoblauch bestreuen.

♦ Pizzas 15–20 Min. backen, bis der Teig gar und der Käse braun ist und Blasen wirft.

—— VARIATION ——

Kleingeschnittenen gekochten Schinken, knusprigen Frühstücksspeck, Salamistreifen, Champignonscheiben oder Paprikastreifen als Belag verwenden.

EINGEMACHTES

Rechte Seite: Knoblauch-Chili-Essenz (s. S. 112)

KNOBLAUCH-CHILI-ESSENZ

ZUTATEN
10 Knoblauchzehen
5 kleine Chilischoten
Sherry

ZUBEREITUNG

Einige Tropfen dieser Essenz geben jeder Suppe und jedem Eintopf den letzten Pfiff. Da sie sehr intensiv ist, sollte sie vorsichtig verwendet werden.

◆ Knoblauchzehen abziehen und halbieren und die Chilischoten rundherum einstechen.
◆ Mischen und in eine Weinflasche geben.
◆ Mit Sherry füllen; dabei Platz für den Korken lassen.
◆ Flasche fest verkorken und einige Wochen ungestört stehen lassen.
◆ Der Sherry kann von Zeit zu Zeit aufgefüllt werden.

KNOBLAUCHESSIG

ZUTATEN
8–10 Knoblauchzehen
etwas grobes Salz
550 ml Weißwein oder Estragonessig

ZUBEREITUNG

Dieser Essig eignet sich besonders für Salatdressings und Marinaden für Fisch, Hähnchen und Meeresfrüchte.

◆ Knoblauch mit dem Salz fein zerdrücken und in ein großes feuerfestes Glas füllen.
◆ Essig aufkochen und über den Knoblauch gießen.
◆ Abkühlen lassen, dann das Glas verschließen. 2–3 Wochen stehen lassen.
◆ Durchseihen und in eine Flasche füllen.

— VARIATION —

Für Rotweinessig mit Knoblauch zur Verwendung in kräftigen Marinaden für Rindfleisch, Schmorbraten und Wild, Rotweinreste aufbewahren und »umkippen« lassen. 10 Knoblauchzehen auf 550 ml Flüssigkeit nehmen, Essig auf Handtemperatur erwärmen und über den zerstoßenen Knoblauch gießen.

KNOBLAUCHPÜREE

ZUTATEN

4 Knoblauchzwiebeln
(etwa 50 Zehen)

2 EL Olivenöl

Salz und Pfeffer

ZUBEREITUNG

Knoblauchpüree ist ein nützliches, aromatisches Gewürz für Suppen, Eintöpfe, Soßen und Salatdressings – besonders für fertige oder selbstgemachte Mayonnaise – und eine Beilage zu kaltem Fleisch und Aufschnitt. Durch das Kochen verschwindet alle Schärfe, und das Püree ist weit weniger intensiv und bitter als kommerziell hergestellte Produkte. Es schmeckt auch hervorragend als Toastaufstrich unter pochierten Eiern oder Rühreiern.

♦ Ungeschälte Knoblauchzehen in leicht gesalzenem Wasser 20–25 Min. köcheln lassen, bis sie weich sind. Abgießen und abkühlen lassen.

♦ Knoblauchzehen abziehen, die harten Wurzelenden und irgendwelche verfärbten Stellen wegschneiden.

♦ Mit einer Gabel zu einer glatten, klebrigen Paste zerdrücken.

♦ Öl unterrühren und mit Salz und Pfeffer abschmecken.

♦ In ein Glas füllen und fest verschließen.

♦ Im Kühlschrank hält sich das Püree 4 oder 5 Tage. Es läßt sich im Eiswürfelbehälter auch einfrieren.

KNOBLAUCH-CHILI-GELEE

ZUTATEN
1 ³/₄ kg saure Äpfel
2 Knoblauchzwiebeln (etwa 25 Zehen)
10 kleine Chilischoten
1 l Wasser
Gelierzucker

ZUBEREITUNG

♦ Äpfel in 2,5 cm große Stücke schneiden; nicht schälen und entkernen.

♦ Knoblauchzehen trennen und abziehen; der Länge nach halbieren. Chilischoten halbieren.

♦ Äpfel, Knoblauch und Chilischoten mit dem Wasser in einen Topf geben und etwa 1 Std. dünsten, bis die Äpfel zu Mus zerfallen sind. Auf ein dickes Tuch über einer Schüssel geben und über Nacht abtropfen lassen. Den Saftfluß auf keinen Fall durch Drücken beschleunigen, denn dann wird der Saft trübe.

♦ Saft in einen sauberen Topf füllen; dabei 450 g Zucker pro 550 ml Flüssigkeit rechnen. Bei schwacher Hitze umrühren, bis der Zucker sich aufgelöst hat. 10 Min. kräftig kochen lassen. Zur Probe etwas Gelee auf einen kleinen Teller füllen; wenn es beim Abkühlen fest und bei Berührung wellig wird, ist es fertig.

♦ Das heiße Gelee in trockene, vorgewärmte Gläser gießen; fast bis zum Rand füllen. Geleeoberfläche mit einem Stück Wachspapier bedecken; Gläser mit Zellophan oder Wachspapier verschließen, mit Band oder Gummi sichern und an einem dunklen, kühlen, trockenen Platz lagern.

♦ Dieses ist eine sehr schmackhafte Beilage zu Braten und Aufschnitt.

KNOBLAUCHHONIG

ZUTATEN
30 Knoblauchzehen, abgezogen
650 g klarer Honig

ZUBEREITUNG

Knoblauchhonig eignet sich hervorragend als Zutat zu Salatdressings und Marinaden und zum Glasieren von Schweinefleisch und Hähnchen vor dem Braten. Er ist auch ein altes Hausmittel bei Husten, Erkältung und Akne. Und es soll hartgesottene Knoblauchfans geben, die Eiscreme mit diesem Honig übergießen!

♦ Knoblauchzehen in ein großes Glas mit Schraubverschluß legen und mit dem Honig übergießen. Etwa 2,5 cm bis zum Glasrand frei lassen.

♦ Glas fest verschließen und mindestens eine Woche an einem warmen Platz stehen lassen. Dabei gelegentlich auf den Kopf stellen.

♦ Der aus dem Knoblauch austretende Saft macht den Honig sirupartig, und der Honig nimmt das Aroma an.

GETRÄNKE

Rechte Seite: Margarita Mia (s. S. 118)

MARGARITA MIA

ZUTATEN
FÜR 2 PERSONEN
¹/₂ Knoblauchzehe
Salz
4 EL Tequila
1¹/₂ EL frischer Limettensaft
2 TL Orangenlikör
zerstoßene Eiswürfel

ZUBEREITUNG

◆ Knoblauch zerstoßen und die Ränder von zwei Cocktailgläsern (Inhalt 90 ml) mit der Schnittseite einreiben.
◆ Glasränder in Salz tauchen, Gläser kalt stellen.
◆ Tequila, Limettensaft und Orangenlikör mit dem Eis in einem Glas mit Schraubverschluß schütteln und durch ein Sieb – damit das Eis den Cocktail nicht verdünnt – in die vorbereiteten Gläser gießen.

KNOBLAUCHWODKA

ZUTATEN
50 g Knoblauchzehen
550 ml Wodka
1 EL Zucker

ZUBEREITUNG

◆ Ungeschälte Knoblauchzehen 30 Sek. in kochendem Wasser blanchieren, abgießen und jede Zehe mehrfach einstechen.
◆ Knoblauchzehen in eine leere Weinflasche füllen, Zucker dazugeben und mit Wodka übergießen. Fest verkorken und 2–3 Monate stehen lassen.
◆ Wenn die gewünschte Stärke erreicht ist, abgießen und in eine saubere Flasche umfüllen. Hält sich unendlich lange.

VARIATION

Auf dieselbe Weise läßt sich Knoblauchbranntwein herstellen. Für Knoblauchgin doppelte Zuckermenge nehmen.

Einige dünne Streifen Orangenschale (unbehandelt) geben ein feines Aroma.

LASSI MIT PFIFF

ZUTATEN

FÜR 2 PERSONEN

250 ml griechischer Joghurt

100 ml Eiswasser

1 große Knoblauchzehe, fein gehackt

1 Prise Salz

1 EL frische Minze, grob gehackt

ZUM SERVIEREN

Minzezweige

ZUBEREITUNG

♦ Zutaten verrühren und in zwei gekühlten Gläsern servieren; mit Minzezweigen garnieren.

KNOBLAUCH-MUNTERMACHER

ZUTATEN

FÜR 4–6 PERSONEN

150 ml Wodka

150 ml Kraftbrühe oder
Rinderbrühe, gekühlt

250 ml Tomatensaft, gekühlt

3 TL Knoblauchsaft

1 TL Zucker

Saft von ¹/₂ Zitrone

1 TL Worcestersoße

Salz und Cayennepfeffer

ZUBEREITUNG

*Eine Cocktail-Variante von Bloody Mary; sehr zu empfehlen zum sonntäg-
lichen Brunch und / oder zur Katerbekämpfung.*

♦ Zutaten in einem Glaskrug verrühren, mit Salz und Cayennepfeffer abschmecken und auf Eis servieren.

KNOBLAUCHPUNSCH

ZUTATEN

FÜR 4–6 PERSONEN

1 Flasche kräftiger Rotwein

$^1/_2$ Zitrone, in dicken Scheiben

1 kleine Orange,
mit 6 Gewürznelken besteckt

1 EL brauner Zucker

7 cm Zimtstange, zerstoßen

6 Knoblauchzehen, ungeschält,
zerstoßen

1 Glas Portwein oder Branntwein
(wenn gewünscht)

ZUM SERVIEREN

etwas Muskatnuß, gerieben

ZUBEREITUNG

An einem kühlen Abend wärmt dieser Punsch wunderbar durch.

♦ Alle Zutaten sehr langsam in einem großen, schweren Topf bis eben unter dem Siedepunkt erhitzen. Durch ein Sieb in Becher gießen und mit etwas geriebener Muskatnuß bestreuen.

...UND EINIGE ÜBERRASCHUNGEN

Rechte Seite: Grüner Obstsalat (s. S. 124)

GRÜNER OBSTSALAT

ZUTATEN
FÜR 4 PERSONEN
1 große, reife Birne
1 kleine Dose grüne Feigen
150 g grüne Weintrauben, kernlos
1 kleine Limette, geschält, *in Segmenten*
2 Kiwis, geschält, in Scheiben
2 EL Knoblauchhonig (s. S. 115)
2 TL Limetten- oder Zitronensaft
1 EL Kirschwasser oder Tequila *(wenn gewünscht)*
ZUM SERVIEREN
1 TL frische Minze, fein gehackt

ZUBEREITUNG

♦ Ungeschälte Birne vierteln, Kerngehäuse entfernen, die Viertel quer in 0,5 cm dicke Scheiben schneiden.

♦ Feigen abgießen und vierteln.

♦ Birnenscheiben mit Weintrauben, Feigen, Limettensegmenten und Kiwischeiben mischen.

♦ Knoblauchhonig mit Limetten- oder Zitronensaft und Kirschwasser oder Tequila und 1 EL Saft aus der Feigendose verrühren.

♦ Über das Obst gießen und kalt stellen.

— SERVIERVORSCHLAG —

Mit Minze bestreuen und dazu Sahne oder Joghurt reichen.

HALBGEFRORENE EISBOMBE

ZUTATEN
FÜR 8 PERSONEN
1 reichliche Handvoll Minzeblätter
150 ml frischer Tomatensaft
Saft von 2 Limetten
2 TL Zucker
1 TL Tomatenmark
2 Eiweiß
1 große Avocado
150 ml Mayonnaise von guter *Qualität*
50 g geschlagene Sahne
150 ml Aïoli (s. S. 54)
1 EL Knoblauchpüree (s. S. 113)
Salz und Pfeffer

ZUBEREITUNG

♦ Minze, Tomatensaft, Limettensaft, Zucker und Tomatenmark verrühren. Die Mischung sollte nicht zu glatt sein. In einen Eiswürfelbehälter füllen und einfrieren, bis sich Kristalle bilden. Die Mischung sollte aber noch leicht breiartig sein.

♦ Eiweiß mit einer Prise Salz steif schlagen und unter die Minze-Tomaten-Mischung heben. Wieder einfrieren.

♦ Avocadofleisch mit Mayonnaise und der Hälfte der Sahne zu einem Püree verarbeiten. Mit Salz und Pfeffer abschmecken und einfrieren, bis die Konsistenz von kaltem Kartoffelbrei erreicht ist.

♦ Aïoli mit dem Knoblauchpüree und der restlichen Sahne mischen. Gut würzen, zugedeckt einfrieren.

♦ Für die Fertigstellung der Eisbombe eine große Schüssel innen mit der halbgefrorenen Avocadomischung bestreichen und einfrieren, bis die Mischung fest ist. Auf die Avocadomischung die Minze-Tomaten-Mixtur geben, dabei einen Hohlraum von 7,5 cm Durchmesser und 8,5 cm Tiefe lassen. Mit der halbgefrorenen Aïoli-Mischung füllen und mit Wachspapier bedecken. In einen Plastikbeutel schieben und einfrieren.

♦ Diese Bombe läßt sich nicht so fest einfrieren wie normale Eiscreme.

♦ Etwa 30 Min. vor dem Servieren in den Kühlschrank stellen.

♦ Unmittelbar vor dem Servieren die Schüssel kurz in heißes Wasser tauchen, damit sich die Mischung vom Rand löst. Auf einen Servierteller stürzen.

♦ Bei Tisch vor aller Augen anschneiden.

KNOBLAUCHFUDGE

ZUTATEN
50 g Butter
4–6 Knoblauchzehen, abgezogen, halbiert
200 ml Kondensmilch
450 g Hagelzucker
1 Prise Salz

ZUBEREITUNG

♦ Butter, Knoblauch, Kondensmilch, Zucker und Salz in eine große, schwere Pfanne geben und bei sehr niedriger Hitze unter gelegentlichem Rühren 10–15 Min. erwärmen, bis der Zucker unter dem Löffel nicht mehr »knirscht«.

♦ Knoblauch herausnehmen und Mischung unter ständigem Rühren langsam zum Kochen bringen.

♦ Mischung unter häufigem Umrühren blubbernd weiterkochen lassen, bis sie dick und dunkler goldfarben wird.

♦ Als Test, ob die Mischung fertig ist, einen Tropfen in eine Untertasse mit kaltem Wasser geben. Wenn der Tropfen zusammenbleibt und das Wasser nicht verfärbt, Pfanne vom Herd nehmen und 5 Min. stehen lassen.

♦ Fudge kräftig schlagen, bis er am Rand der Pfanne zu kristallisieren beginnt.

♦ Masse gut 1 cm dick auf einem mit Alufolie ausgelegtem Tablett verstreichen.

♦ Wenn die Masse fest, aber noch warm ist, mit einem nassen Messer in 2,5 cm große Quadrate schneiden.

♦ Abkühlen lassen und in Wachspapier oder in einem Plastikbeutel in einem luftdichten Behälter lagern.

♦ Am besten innerhalb von einer Woche verzehren.

BOMBIGE NUSSPLÄTZCHEN

ZUTATEN
ERGIBT 12–15 STÜCK
3 Knoblauchzehen, fein gehackt
100 g Butter
100 g Kakao, ungesüßt
4 Eier, leicht verquirlt
200 g Zucker (ein Teil davon brauner Zucker, wenn gewünscht)
100 g Mehl, durchgesiebt
100 g Walnüsse, gehackt
50 g Mandeln, blanchiert
Temperatur 160 °C

ZUBEREITUNG

Auch ohne Knoblauch sind diese Plätzchen ein Bombenerfolg!

◆ Knoblauch und Butter in einer großen Schüssel bei niedriger Hitze in ein Wasserbad stellen.

◆ Wenn die Butter zerlassen ist, Kakao dazugeben und gut unterrühren.

◆ Eier, Zucker, Mehl und Walnüsse nacheinander dazugeben und jedesmal gut verrühren.

◆ Mischung in eine gefettete und mit Mehl bestäubte Kuchenform (20 x 25 cm) geben und mit blanchierten Mandeln dekorieren.

◆ Etwa 35 Min. backen. Die Oberfläche sollte elastisch sein, während der Teig innen noch etwas feucht ist.

◆ Auf ein Drahtgitter stürzen und in Quadrate oder Streifen schneiden.

LIMETTEN-KNOBLAUCH-GRANITA

ZUTATEN
FÜR 6 PERSONEN
550 ml Wasser
100 g Zucker
3 Knoblauchzehen, geviertelt
250 ml Limettensaft, frisch ausgepreßt
Schale von 1 unbehandelten Limette, fein gerieben (wenn gewünscht)
ZUM SERVIEREN
Limettenschale in Spiralen

ZUBEREITUNG

♦ Wasser, Zucker und Knoblauch zusammen 5 Min. kochen lassen. Durch ein Sieb gießen und abkühlen lassen.
♦ Limettensaft und geriebene Limettenschale dazugeben und unter gelegentlichem Umrühren einfrieren, bis die Masse körnig, aber immer noch leicht breiartig ist.

––––––––––– SERVIERVORSCHLAG –––––––––––

Mit Spiralen aus Limettenschale dekorieren und dazu Mürbegebäck oder Katzenzungen reichen.

Limetten-Knoblauch-Granita ist auch eine zwischen den Mahlzeiten willkommene Erfrischung.

REGISTER